W0063073

Zauber der Mythen

Die Buchreihe „Zauber der Mythen" will mit der Darstellung einzelner Mythen durch verschiedene Autoren den Zugang zu einem in jedem Menschen vorhandenen Fundament von Lebenskraft und Lebensmöglichkeit vermitteln, ein Wiedererinnern ermöglichen.

Die einzelnen Bände zeigen, wie genau die alten Geschichten mit ihren Göttinnen und Göttern, Helden, Schicksalsverläufen und ewigen Gesetzen Lebensfragen darstellen und menschliche Probleme abbilden, die uns noch genauso vertraut sind wie unseren Vorfahren.

Die Geschichten sind faszinierend und ergreifend. Wir begegnen uns selbst in ihnen, schauen und erleben die Kraft und Weite unserer Seele, ihrer bislang nicht ausgeloteten Möglichkeiten. Wir spüren, was wir uns vorenthalten haben, wenn wir diese ewigen Themen unserer Existenz vernachlässigen. Ihnen zu begegnen ist dem Erleben vergleichbar, in dem sich die Bedeutung eines großen Traumes zum ersten Mal erschließt. Die Mythen spiegeln unser Leben und vermitteln die Gewißheit, daß es sinnvoll gelebt werden kann.

Theodor Seifert

Zauber der Mythen

Herausgegeben von Theodor Seifert

Angela Waiblinger

Große Mutter und göttliches Kind

Das Wunder in Wiege und Seele

Kreuz Verlag

Für Michael, Stephan und Isabelle

CIP-Kurztitelaufnahme der Deutschen Bibliothek

Waiblinger, Angela
Große Mutter und göttliches Kind: d. Wunder in Wiege
u. Seele / Angela Waiblinger. – 1. Aufl. – Zürich:
Kreuz-Verlag, 1986.
(Zauber der Mythen)
ISBN 3-268-00031-2

1. Auflage
© Kreuz Verlag AG Zürich 1986
Umschlaggestaltung: HF Ottmann
Umschlagfoto: Manfred P. Kage
ISBN 3 268 00031 2

Inhalt

Das Kind – göttlich?

Eines Tages fuhr ich in der Abenddämmerung durch eine Landschaft, die um diese Tageszeit recht einsam ist, denn die Bauern, die dort in den vereinzelten Dörfern leben, sind damit beschäftigt, das Vieh zu füttern und die Kühe zu melken. Es war ein kalter Dezembertag. Tagsüber hatte die Sonne den Durchbruch durch die Nebeldecke kaum geschafft, erst am späten Nachmittag wurde es ein wenig heller. Jetzt zeigte sich der Himmel vor mir klar, in einem zart lichten Türkis, im Westen überzog die untergehende Sonne den Horizont mit einem Farbenspiel, das von Orange und Rosa in Violett überging. Es war ein zauberhafter Anblick. Als ich aber, in einer Rechtskurve aus einem kleinen Waldstück kommend, auch den Osthimmel vor mir hatte, erblickte ich auf einmal leuchtend hell den vollen Mond. Dieser plötzliche Anblick löste einen kurzen, doch tiefen Schrecken in mir aus. Ich spürte, wie mich freudige Erregung packte, und hielt an, um die Schönheit dieses Bildes intensiv in mich aufzunehmen. Vor mir lag auf einer Anhöhe eine burgähnlich gebaute Stadt, darüber der zarte lichte Winterhimmel, links versank feurig rot die Sonne, rechts leuchtete, wie mit einem geheimnisvollen Zauber umgeben, der Mond in seiner vollen Größe. Für mich war dies ein göttlicher Augenblick.

Wie verständlich ist es doch, daß Menschen früherer Zeiten die Ereignisse, die sie am Himmel sahen und für die sie keine Erklärung hatten, als geheimnisvoll und mächtig erlebt haben! Sie erfuhren ja auch, daß sie hilflos den Kräften der Natur ausgeliefert waren. Eisiger Wind ließ sie vor Kälte erstarren, glühende Sonnenhitze verbrannte sie, strömender Regen überschwemmte ihre Behausungen; die großen Tiere waren stärker als sie, die kleinen flinker. Sie sahen, daß die Vögel sich in die Luft erheben und davonfliegen konnten, die Fische blitzschnell durch tiefes Wasser schwammen – all dies war dem Menschen damals nicht möglich. Ihre Seelen waren erfüllt mit Schrecken und Angst, mit Zittern und Furcht, aber auch mit Erleichterung und Freude, Glückseligkeit und Entzücken. Wenn im Frühjahr die ersten Bäume zu blühen begannen, dann wußten sie, daß die schlimmste Zeit, während der sie gefroren und gehungert hatten, vorbei war. Und wenn die Sichel des zunehmenden Mondes am Himmel zu sehen war, dann war ihnen gewiß, daß es nicht für immer in den Nächten finster bleiben würde, denn die nächtliche Dunkelheit war wie Sterben und Tod. Und sie stellten Zusammenhänge her zwischen den Ereignissen am Himmel und dem, was diese in ihnen bewirkten, zwischen dem Geschehen in der Natur und ihren Gefühlen, zwischen dem, was sie sahen, und ihren inneren Bildern. Sie gaben dem Äußeren Bedeutungen, so wie sie es innerlich erlebten. Die ersten Religionen wurden geboren, denn das Unerklärliche, das Geheimnisvolle war mächtig, wurde gefürchtet oder voller Dankbarkeit hingenommen, es war heilig. Die Menschen begannen Kultstätten zu bauen und ihre Götter zu verehren.

Entsprechende Zeugnisse kennen wir aus Funden, die etwa 8000 Jahre alt sind.

Wir spüren das alle heute noch: das Große, Unerklärliche, das Mysterium, die Faszination – es läßt uns erzittern, beben, erschauern, erfüllt uns mit Furcht oder jubelnder Freude, läßt uns lachen und weinen, versetzt uns in ekstatische Verzückung oder gebietet ehrfurchtsvolles Schweigen. Denn es gibt keine Worte, die das tiefste Erleben der Seele beschreiben könnten. Augenblicke ganz großen Glücks, Sekunden der Seligkeit, höchste Wonnen, tiefstes Grauen, grenzenlose Angst machen stumm. Diese Erfahrungen kann nur verstehen, wer sie selbst erlebt hat. Und doch ahnen wir alle den Schrecken, den solche Zustände auslösen können, weil der Schrecken seit jeher zum Menschen gehört, wie das Sehen und Hören, wie seine fünf Sinne. Der Schrecken ist mit dem Heiligen verbunden, und wer bereit ist, sich ihm auszusetzen, ihn sich widerfahren zu lassen, erlebt die Nähe Gottes, den göttlichen Augenblick.

Heute machen wir es uns eher schwer, die Gegenwart Gottes wahrzunehmen. Wir haben Gott aus unserem Alltag, unserer Umgebung, der Natur weitestgehend verbannt, haben das Göttliche in Kirchen, Tempel, Moscheen, in die Religions- oder Konfirmandenunterricht eingesperrt. Wir müssen uns den Zugang zur göttlichen Erfahrung bewußt schaffen, ihn planen, festlegen. Des unmittelbaren Erlebens Gottes sind wir meist nicht mehr fähig, denn wir wissen zu viel. Das meiste über Natur, Kosmos oder menschliches Verhalten können wir erklären oder zumindest im Lexikon nachlesen – so sind uns der Zauber der Welt, die Erscheinung Gottes darin nach und nach verlorengegangen. Wenn Sonne und Mond zugleich am Himmel zu sehen sind, so bedeutet das für uns nichts Außergewöhnliches, etwa das Sichtbarwerden der Vereinigung von Gott-Mann und Gott-Frau, sondern etwas, was ganz gewöhnlich auf Zeitverschiebungen der Umlaufbahn des Mondes um die Erde beruht, wie sie im Kalender nachzulesen sind, oder durch atmosphärisch bedingte Sichtverhältnisse zu erklären ist. Das Kind weiß noch nichts über Astronomie, Kosmologie, Biologie, Chemie und Physik. Es lebt. Es er-lebt einfach, was da ist, was es sieht, hört, riecht, schmeckt, anfassen kann. Und wenn im Zimmer auf einmal ein grüner, glitzernder und funkelnder Baum steht, der über und über in „tausend" kleinen Flammen leuchtet, dann steht es staunend da mit großen Augen, und vielleicht läßt ein atemlos hingehauchtes „Oh!" sein Entzücken und seine Ergriffenheit ahnen. Dieses Ergriffensein berührt dann oft auch in den Eltern – immer jedoch in den Großeltern – eine Schicht des Wissens um das Mysterium der Unwissenheit, die sich manchmal in erregtem Herzklopfen, manchmal in diffuser Traurigkeit äußert. Da wird auf einmal deutlich, was wir verloren haben, was wir uns nicht mehr erlauben, einfach zu erfahren.

Oder wenn der kleine Junge, ganz erregt, mit hochroten Bäckchen und weit aufgerissenen Augen zu seiner Mutter läuft und fast außer Atem hervorstößt: „Mami, Mami, komm schnell – ein Elefant!", und die Mutter entdeckt eine kleine tote Maus an der Stelle, die das Kind ihr zeigt, und sie sieht, daß die Maus in Größe und Farbe dem Elefanten im Bilderbuch gleicht, dann hat sie eine Vorstellung von der Einzigartigkeit des erlebten Wunders. Ein Elefant unter dem Heizkörper – und im Bilderbuch steht, er ist im Urwald zu Hause! Hier verbindet sich im kindlichen Denken die Realität (graue Maus in der Größe des abgebildeten Elefanten) mit der Geschichte aus dem Bilderbuch und archetypischen – grundlegenden – Inhalten seiner Seele. Denn die Aufregung, der Schrecken seiner Wahrnehmung ist auch bestimmt von der Numinosität, der Erhabenheit, die den Elefanten umgibt. In Indien gilt der Elefant als heiliges Tier, als Symbol der Macht, der Weisheit, des Friedens und des Glücks, ja sogar als Träger des gesamten Universums. Er allein ist würdig, Gott Indra zu tragen, groß und stark wie er ist, mit Beinen, die den Säulen der Tempel gleichen, mit der Gelassenheit schreitend, die dem Herrscher des Himmels zukommt. Der kleine Junge weiß von alledem nichts, er spürt nur sein vor Aufregung klopfendes kleines Herz, seine heißen Wangen und ein unbestimmtes, starkes Glücksgefühl: ein Elefant in meinem Zimmer! Er ahnt vielleicht, daß sich in diesem Augenblick etwas Wichtiges in seinem Inneren vollzieht, was zu seiner Reifung, seiner Individualität beiträgt. Er ist um eine Erfahrung reicher – nicht um irgendeine, sondern um eine, die ihm eines Tages den Zugang zum Erleben des Numinosen, des Göttlichen – wie immer er das dann auch nennen mag, vielleicht einfach Ehrfurcht vor der Natur – erleichtert.

Oder: Der Moment nach der Geburt – die Schmerzen sind vergessen, das schnelle Hin- und Hereilen der Schwestern und des Arztes weicht ruhiger Gelassenheit, der erste Schrei des Neugeborenen ist verklungen, nun liegt es einfach, selbstverständlich, auf dem Bauch der Mutter, die Augen und die kleinen Fäustchen fest geschlossen, wie versunken in seine noch ganz innere Welt, aus der es erst körperlich aufgetaucht ist – plötzlich scheint die äußere Umgebung nicht mehr zu existieren, alles ist weit weg, es gibt nur Mutter und Kind, eine sich im Göttlichen verbindende Einheit. Das Wunder eines neuen Lebens leuchtet auf, geheimnisvoll und nicht wirklich erklärbar, mit allem was dieser Mensch für viele Jahre seines Lebens braucht. Sprachlos nimmt die Mutter dieses Wunder entgegen, das auf ihr liegt und atmet und schläft; es ist ihr nicht möglich, auch nur ein einziges Wort herauszubringen.

Später, wenn es die Augen öffnet, sie ansieht und lächelt, erlebt die Mutter das Wunder erneut. Sie sieht den Ernst in den Augen ihres Kindes, der von weit, weit her zu kommen scheint; sie ahnt, daß da ein Wissen ist, das die Erfahrungen der ganzen Menschheit umfaßt; sie spürt, daß sie selbst dieses Wissen zuunterst in sich vergraben trägt, und sie erschauert über die Ahnung von Zusammenhängen in ihrer Seele, die sie mit ihrem Verstand nicht fassen kann, die aber beim Anblick ihres Kindes in ihr berührt werden. Vielleicht streichelt sie voller Ehrfurcht über die kleine Stirn des Kindes, das nun mit einem seligen Ausdruck in seinem Gesichtchen die Augen schließt, um für eine Zeitlang in das Land zurückzukehren, aus dem es gekommen ist.

„Was macht unser Sonnenschein?" fragt der Vater, wenn er abends nach Hause kommt, und schließt ein jauchzendes kleines Energiebündel in die Arme, das voller Freude auf ihn zuläuft. Ob er sich bewußt ist, daß er damit sein Kind mit der Grundbedingung unseres Lebens, unseres Planeten, in Verbindung bringt? Ohne den beständigen, sicheren Abstand der Sonne zur Erde gäbe es uns nicht. Ohne das Kind gäbe es den Vater, die Mutter nicht, könnte der Mann nicht die Dimension seines Lebens leben, die er vielleicht als die wichtigste bezeichnen wird, könnte die Frau das Mysterium von Schwangerschaft und Geburt nicht erfahren. Ohne das Kind gäbe es weder Gott-*Vater* noch Gott-*Mutter* – wie man es ausdrücken mag. Ohne das Kind gäbe es natürlich überhaupt keinen Menschen. Deshalb, weil Menschsein – das gleiche gilt für Tiere und Pflanzen – Dasein, Leben bedeutet und dieses Leben ganz klein, mit winzigen Händchen und Füßchen, so wunderbar vollständig ausgebildeten Fingern und Zehen und ganz, ganz kleinen Nägelchen daran, beginnt und weil dieses Leben Verbindung aufnimmt mit Gott und Gott Leben geschaffen hat – nach Seinem Bilde –, deshalb ist es göttlich, das Kind.

Schwanger vom Wind,
der Schlange und dem Mond

„Am Anfang war Eurynome, die Göttin aller Dinge. Nackt erhob sie sich aus dem Chaos. Aber sie fand nichts Festes, darauf sie ihre Füße setzen konnte. Sie trennte daher das Meer vom Himmel und tanzte einsam auf seinen Wellen. Sie tanzte gen Süden; und der Wind, der sich hinter ihr erhob, schien etwas Neues und Eigenes zu sein, mit dem das Werk des Schöpfers beginnen konnte. Sie wandte sich um und erfaßte diesen Nordwind und rieb ihn zwischen ihren Händen und, siehe da! Es war Ophion, die große Schlange. Eurynome tanzte, um sich zu erwärmen, wild und immer wilder, bis Ophion, lüstern geworden, sich um ihre göttlichen Glieder schlang und sich mit ihr paarte. So ward Eurynome vom Nordwind, der auch Boreas genannt wird, schwanger."[1]

Schwanger vom Wind, Hauch, Atem, der Leben bedeutet, vom „Geist, der über den Wassern schwebt" – das war nichts Ungewöhnliches zu der Zeit, in der die Mythen entstanden. 7000 Jahre ist es her, daß die Menschen im Mittelmeerraum, der Wiege unserer Kultur, von Eurynome, die auch „Weites Wandern" genannt wurde, erzählten. Sie sahen „Weites Wandern" im Mond, der am Himmel entlangzog, doch nur an jeweils fünfundzwanzig Tagen.

Dann verschwand die große Göttin. Wo hielt sie sich auf? Begab sie sich in die „untere Welt", die von der Schlange Ophion beherrscht wurde, um sich von ihr mit neuem Leben erfüllen zu lassen? Die Schlange als Lebensspender, der Wind als Befruchter – sind das nicht Widersprüchlichkeiten? Für unseren heutigen Verstand, der gewohnt ist zu analysieren, zu spalten in rechts und links, unten und oben, schon – für die Menschen damals nicht.

Als die Menschheit noch ein Kind mit einem jungen und unentwickelten Bewußtsein war, konnte sie die Zusammenhänge der Natur unmittelbar erfassen, konnte (das Menschheitskind) begreifen, daß Leben ein Wunder ist, das sich menschlicher Macht entzieht. Wir wollen das heute nicht mehr wahrhaben und glauben, Leben „machen" zu können. Doch Ophion zieht sich in seine geheimnisvolle Erdhöhle zurück und wartet auf Eurynome. Und wenn sie kommt, erhebt er sich zu seiner vollen Stärke, breitet seinen Wind-Geist über sie und trägt die Geliebte in die Sphären der Wonne. Das war damals so, und das ist heute so, ob wir es wahrhaben wollen oder nicht. Bei jeder Zeugung berührt sich nicht nur Physiologisches, da tritt auch die Seele, Psyche oder Anima, die ursprünglich „Lebenshauch", „Atem" bedeutet, in die Form, die später Mensch heißt. Was hier geschieht, ist eine Vereinigung von Gegensätzen – Himmel und Erde, Geisthauch und feste Form, Gott und Mensch umarmen einander, verschmelzen zu einem – zu einem Neuen, das aus dieser Umarmung entsteht. Eine Wandlung hat sich vollzogen. Im Augenblick der Zeugung verwandelt sich Männliches und Weibliches in das Kind: er und sie in es, ich und du in wir.

Unser Kind wird geboren werden. Das Kind, das aus Spermium und Ei, die Wandlung, die aus den Gegensätzen entsteht, verbindet Geist und Materie, dich und mich, Gott und Mensch. Dieses Wunder läßt sich nur als göttliches Geschehen bezeichnen und begreifen, das wußten die Menschen früherer Zeitalter noch. Deshalb ist es göttlich, das Kind – und menschlich zugleich.

Die Erzählung der Empfängnis Mariä, die zur Geburt des Gottessohnes Jesus führt, ist uns allen bekannt. Auch hier wird vom Heiligen Geist, der über sie kommt, gesprochen. In vielen Kulturen gibt es ähnliche Geschichten über die Zeugung göttlicher oder königlicher Kinder. Eine besonders eindrucksvolle Erzählung ist aus Ägypten bekannt. Etwa 356 Jahre vor Jesus wird Alexander von Mazedonien geboren. Der Bericht seiner Zeugung liest sich so:

„Nektanebos aber suchte in Mazedonien die Frau des Königs Philippus, Olympia, zu sehen, die an seinen Künsten Gefallen fand. Die Ägypter nämlich galten den Griechen als die Meister der Weisheit. Olympia aber ließ sich von ihm als Probe seiner Künste die Geburtszeit ihres Mannes aus den Sternen und ihre eigene Zukunft lesen. Als Nektanebos ihr weissagte, daß der Gott Amon die Königin schwängern und daß Philippus sie doch als Gattin behalten würde, auch wenn er sie einmal verstoßen sollte, hatte er die Königin sich schon gefügig gemacht. In der darauffolgenden Nacht ließ er vermittels Zaubergetränken die Königin im Traum den widdergestaltigen Gott Amon empfangen und umarmen. Tags darauf ließ die Königin ihn rufen

und dankte ihm für alles, was er ihr hatte wider-
fahren lassen, denn so sehr hatte sie an dem
Traumbild Gefallen gefunden. Sie hielt ihn aber
wie einen Gott in ihrem Palast. Nektanebos aber
versprach ihr, daß er auch nun dafür sorgen
wollte, daß der Gott ihr nicht nur im Traume,
sondern auch in Wirklichkeit erscheinen sollte. In
der folgenden Nacht legte Nektanebos nun die
Gestalt einer Schlange an und näherte sich dem
Lager der Königin, beschlief sie und segnete ihren
Leib: den, den du empfangen hast, wird kein Sterb-
licher überwinden können; er wird immer sieg-
reich sein.

Als Olympia merkte, daß sie schwanger gewor-
den war, klagte sie Nektanebos ihr Leid. Der aber
wußte Rat und ließ auch den fernen König durch
ein Wunder einen Traum sehen, wie der Gott Amon
seine Frau beschlief. Die Traumdeuter, die er frag-
te, deuteten ihm denn auch den Traum so, daß das
Kind der Olympia ein Götterkind, aber zum Ruhme
seiner Eltern wachsen und gedeihen würde. So
kam Philipp auch guten Mutes aus dem Feldzug
siegreich heim und durfte noch vor seinen versam-
melten Großen erleben, wie Nektanebos sich in
Gestalt eines Drachen vor der Königin im Saale
beugte. Er schien ihm nämlich der Drache zu sein,
der die Feinde Philipps geschlagen hatte. Der König
aber sah auch durch ein Vogelzeichen, daß Alexan-
der in jungen Jahren schon sterben würde."[2]

Wieder ist von einer Schlange die Rede, die das
göttlich-königliche, siegreiche Kind zeugt. Was bedeutet sie, warum ist sie so wichtig?

Die Schlange hat einerseits Zugang zum geistigen

Bereich, dem luftigen, oberen, vermeintlich männlichen Prinzip: Ophion und der Nordwind sind eines – die Schlange des Alten Testaments, die ursprünglich Jaldabaoth hieß, öffnete Adam und Eva die Augen, verhalf den Menschen zur Entwicklung des Bewußtseins: „... eure Augen werden aufgetan und ihr werdet wissen, was Gut und Böse ist." Für die Menschen damals, die ihre Gottheiten an den Himmel projizierten, war die langgestreckte Ansammlung von Sternen, die sie am Nachthimmel entdeckten – heute nennen wir sie „Milchstraße" –, die große Schlange, die mit der Geliebten, der Mond-Göttin, die Welt bewacht.

Die Schlange ist aber auch der Erde, auf der sie kriecht, verbunden, gehört dem Weiblichen, der Materie an. Denn Jaldabaoth heißt „Mädchen" oder „Jungfrau", sie ist die große Göttin der Jugend, hat sie doch die Fähigkeit, sich zu häuten, sich immer wieder zu verjüngen. Deshalb ist sie auch Bundesgenossin des Lebens, sie steht in Beziehung zu Chawwâh = Eva, weil Chawwâh „Leben" heißt.

Die Schlange ist ein uraltes Symboltier. Von Ophion, der Eurynome schwängert, wurde vor 7000 bis 8000 Jahren in Mesopotamien erzählt, als das Weibliche, die große Göttin, das Leben der Menschen bestimmte. Um 1000 v. Chr. wird im 1. Buch Mose Jaldabaoth erwähnt, und von der Schlange, die Alexanders Mutter, Olympia, schwängerte, wird erst „kurz" vor unserer Zeitrechnung, 356 Jahre vor Christi Geburt, berichtet.

In Mythen, Sagen, Legenden und Märchen, auch anderer Völker, bewacht die Schlange in Gestalt eines Drachen den Schatz, der Leben, Sieg, Ruhm und Reichtum beschert. Dieses den Menschen so fremd gebliebene und unheimliche Tier entspricht also einer ganz besonderen, in ihm vorhandenen Kraft der Gegensätzlichkeit von Gut und Böse, Weisheit und Begierde, Leben spendend und Leben nehmend, denn sowohl der Feueratem des Drachen, den er wütend dem Schatzsucher entgegenspeit, als auch das Gift der Schlange, das ihn schnell und lautlos trifft, bedeutet Tod. Die Angst des Menschen vor seiner eigenen Mächtigkeit, die er in der Schlange verkörpert sieht, ist sehr wohl berechtigt.

Doch noch ein anderes Tier wird in der Zeugungsgeschichte von Alexander erwähnt: der Widder, in dem Gott Amon der Königin erscheint. Als dieser Mythos entstand, befand sich die Menschheit, astrologisch gesehen, im Widder-Zeitalter. Schon früh in der Geschichte der Menschheit beschäftigten sich Völker wie die Babylonier, Chaldäer und Ägypter mit den Vorgängen am Himmel. Sie beobachteten, wie die Sonne, die tagsüber der Erde Wärme spendet oder sie mit glühender Hitze verbrennt, nachts dem Mond und den Sternen Platz macht. Doch so beständig sie jeden Morgen wieder erscheint, so unbeständig zeigt sich der Himmel in der Dunkelheit der Nacht – sommers anders als winters und von einem Jahr zum anderen wechselnd. Das mußte doch etwas bedeuten. Da alles, was in der Natur geschieht, für den Menschen damals von unmittelbarer, existentieller Bedeutung war, fingen sie an zu zählen und entwickelten dabei erstaunlich schnell die mathematischen Fähigkeiten des bislang noch jungen Bewußtseins. Sie entdeckten, daß sich Sternansammlungen in Bildern beschreiben lassen, und sie beobachteten, daß diese Sternbilder wandern und nach jeweils etwa 2150 Jahren einem anderen großen Bild Platz machen, in dem dann die Sonne aufgeht. Zur Zeit Alexanders stand also das achtzig Sterne umfassende Bild des Widders am Himmel, und der Widder war somit Symbol für die damals herrschenden Werte: Sein sterbebereites Dulden ließ ihn zum Tier des Gottes werden, der mild und gütig nicht länger Menschenopfer verlangte, wie es im Zeitalter des Stieres, das vor dem des Widders herrschte, noch üblich war. Im Widder war Gott zur Erde herabgestiegen, um den Sieg der Unschuld über Verbrechen und Gewalttätigkeit zu demonstrieren. Zum Ende desselben Zeitalters starb Jesus dann als Lamm Gottes.

Die Mythen um Zeugung, Geburt und Leben der großen Gestalten der Geschichte spiegeln nicht nur das Außergewöhnliche dieser Gott- oder Königskinder, sie spiegeln darüber hinaus das „Wissen" um die großen Zusammenhänge, sowohl des Kosmos als auch der menschlichen Seele, sie erzählen von der Bezogenheit. Die Beziehung „Mensch—Gott", die Beziehung „Mann—Frau" sind die großen Themen des Menschen, seit es ihn gibt. Denn in diesen Beziehungen liegt die Entscheidung über Leben und Tod, sie sind Schicksal und Frage. Die Mutter ist Schicksal für das Kind, das Kind ist Schicksal für die Mutter. Die enge Verflechtung zwischen Mutter und Kind ist dem Willen weitgehend entzogen, etwas Übergreifendes verbindet die beiden – ein Geheimnis, das erregend und faszinierend, beglückend oder schmerzvoll, immer aber im Grunde unlösbar und nicht zu durchschauen ist. Sosehr der Psychoanalytiker von heute sich auch bemühen mag, die untersten Fäden dieser Verbindung erreicht er nicht.

Das Geheimnis beginnt mit der Zeugung. Jede

Zeugung, auch die des ganz gewöhnlichen Kindes, stellt ein Wunder dar. Zwar ist man heute fast immer in der Lage herauszufinden, woran es liegt, wenn eine Frau nicht schwanger wird, obwohl sie es möchte; man kann auch recht zuverlässig bewußt Schwangerschaften vermeiden, doch wann eine Schwangerschaft eintritt, ist nicht mit absoluter Sicherheit vorherzusagen. Man kennt ja zahlreiche Fälle, in denen Frauen, nachdem sie den jahrelang gehegten, aber unerfüllten Wunsch nach einem Kind aufgegeben haben – oft nach der Adoption eines anderen Kindes –, plötzlich schwanger werden. Und man weiß auch, daß eine bewußt oder unbewußt bestehende Abneigung gegen den Ehemann das Schwangerwerden verhindern kann. Trotzdem erfolgen Schwangerschaften durch Vergewaltigungen.

So ist es nicht verwunderlich, daß in sehr früher Zeit die Mutterschaft nicht vom Mann, sondern vom Mond abhängig gemacht wurde. Tatsächlich sind ja auch die Rhythmen des Mondes mit denen der menstruierenden Frau identisch. Deshalb wurde lange nicht der Mann als Urheber des Kindes begriffen, sondern die Frau allein galt als Schöpferin des Lebens, war sie doch eine Tochter der Großen Mutter, der Göttin, deren äußere Erscheinung im Mond verehrt wurde. Die Frau war verantwortlich für alles, was mit dem Leben zu tun hatte; der Mann diente ihr – auch zu ihrem Vergnügen. Zu Beginn der – uns heute bekannten – Menschheitsgeschichte herrschte vor allem im Mittelmeerraum das Matriarchat. Kleine Statuen, zum Teil bis zu 15 000 Jahre alt, die gebärende Frauen mit einer Mondsichel in der Hand darstellen, zeugen davon. Ohne Vater konnte es kein Patriarchat geben.

Der Mond-Mythos mag ebenfalls hindurchschimmern, wenn es später um die ungewöhnliche Zeugung des göttlichen Kindes geht. Das Leben bleibt irrational, bleibt Geheimnis. Der nur nach Ursache und Wirkung fragende Verstand will es in sein enges Schema pressen: „Die sogenannte Jungfrauengeburt kann es doch gar nicht geben." Eine Frau, die spürt, daß sie in den tieferen Schichten ihrer Seele mit der großen Mondgöttin in Verbindung steht, mag bei dieser Bemerkung still in sich hineinlächeln; sie weiß, daß weder sie noch der Mann wirklich entscheiden, wann Leben entsteht. Dies unterliegt einer höheren Macht, der Macht des Lebens selbst, das heilig ist, dem heiligen Geist des Lebens – oder, wie es die Sumerer gesehen haben: Iahu, die göttliche Taube, gebiert das Leben. Es ist also noch etwas anderes im Spiel als der biologische Vorgang der Zeugung zwischen Mann und Frau. Nicht der Wille des Menschen bestimmt das Werden eines neuen Wesens; ein Kind kann nicht „gemacht" werden, wenn es auch oft so ausgesprochen wird.

Viele Menschen, die eine psychotherapeutische Behandlung aufsuchen, sind unglücklich, weil ihre Eltern sie nicht haben wollten. Einige wissen sogar, daß ihre Mutter versucht hat, sie in den ersten Schwangerschaftsmonaten abzutreiben. Wenn ich ihnen dann sage, daß nicht Eltern allein über werdendes Leben entscheiden, daß jeder Mensch ein gott-gewolltes Wesen ist, fühlen sie sich sehr erleichtert. Sie können dann ihr Dasein bejahen, das sie bisher in Frage gestellt hatten. Sie spüren die Verbindung zum Göttlichen, zum Geist des Lebens, der nicht von einem Elternpaar abhängig ist.

Die wunderbare, zeitlose Geburt

Daß das göttliche, auf wunderbare, geheimnis- volle Weise gezeugte Kind nicht unauffällig, still und heimlich zur Welt kommen kann, steht außer Frage. Aus Indien kennen wir zum Beispiel die phantasievollen, sehr schönen Erzählungen über die Geburten von Krishna und Buddha:

„Als nun die glückverheißende Zeit für das Er- scheinen des Herrn gekommen war, durchdrangen alle Eigenschaften der Tugend, Schönheit und des Friedens das gesamte Universum. Die Sternkon- stellation Rohini bildete sich und Sterne wie Ashi- vini erschienen. Die Sonne, der Mond und die anderen Sterne und Planeten waren sehr friedvoll. Alle Himmelsrichtungen wirkten äußerst freude- spendend, und die schönen Sterne funkelten am wolkenlosen Himmel. Die mit Städten, Dörfern, Bodenschätzen und Weidegründen geschmückte Erde sah in jeder Hinsicht glückverheißend aus. Die Flüsse strömten mit klarem Wasser dahin, und die mit Lilien und Lotosblüten übersäten Seen und die großen Gewässer waren außerordentlich schön. In den Bäumen und grünen Pflanzen, die voller Blüten und Blätter waren und die die Augen erfreuten, begannen Vögel wie Kuckucke den Halb- göttern zuliebe mit lieblichen Stimmen zu singen

und Bienenschwärme summten. Ein reiner, leichter Wind, der sehr angenehm war und den Duft von Blumen mit sich trug, wehte, und als die Brahmanen, die mit rituellen Zeremonien beschäftigt waren, ihre Feuer gemäß den vedischen Prinzipien entzündeten, brannten diese gleichmäßig, ohne vom Wind gestört zu werden... Dann – in der tiefen Dunkelheit der Nacht – erschien die höchste Persönlichkeit Gottes, Vishnu, der sich im Innersten des Herzens eines jeden befindet, aus dem Herzen Devakis wie der Vollmond, der am östlichen Horizont aufgeht. Hierauf betrachtete Vasudeva das neugeborene Kind, das wundervolle, lotosgleiche Augen hatte und in seinen vier Händen die vier Waffen Muschel, Rad, Keule und Lotos trug. Auf seiner Brust befand sich das Shrivatsa-Zeichen und an seinem Hals der dunkelnde Kaustubha-Juwel. Das Kind war in gelbe Gewänder gekleidet, sein Körper war schwärzlich wie eine dichte Wolke, es besaß langes, wallendes Haar, und sein Helm und seine Ohrringe glitzerten ungewöhnlich, denn sie waren mit wertvollen Vaiduria-Juwelen besetzt. Mit seinen Schmuckstücken, unter denen sich ein funkelnder Gürtel, Armbänder und Armreifen befanden, sah das Kind sehr bezaubernd aus. Als Vasudeva seinen außergewöhnlichen Sohn sah, weiteten sich seine Augen vor Erstaunen. Von Jubel erfüllt, holte er in Gedanken 10 000 Kühe herbei und verschenkte sie in einem großen Feld an die Brahmanen."[3]

„Als nun die Königin Maja erkannte, daß die Geburtsstunde des Bodhisattva gekommen war, begab sie sich in der ersten Nachtwache zum König Shuddhodana und redete ihn an mit den Strophen:

,Vernimm, o Herr, daß ich schon seit langem im Sinn habe, unseren Park aufzusuchen. Wenn es dich nicht erzürnt, dir verhaßt ist oder töricht erscheint, will ich mich sogleich in den Lusthain begeben. Du selbst bist von der Askese hart mitgenommen und hast deinen Sinn allein auf das Gesetz gerichtet, und ich trage seit langer Zeit ein reines Wesen unter dem Herzen. Nun knospen die schönsten Bäume; die Shalas sind von den Blüten überdeckt; darum ist es an der Zeit, o Herr, die Gärten zu besuchen! Wir haben jetzt die schönste der Jahreszeiten. Es ist Frühling, wo die Frauen sich zu schmücken trachten. Die Bienen summen; Kokolas und Pfauen singen ihr Lied; und reiner, glänzender Blütenstaub wirbelt durch die Lüfte; bitte, gib Befehl, und laß uns unverzüglich ziehen!' Als der König diese Worte gehört hatte, freute er sich und sprach froh zu seinem Gefolge: ,Macht Pferde, Elefanten, Wagen und Sänften bereit und schmückt den an Vorzügen reichen Lumbini-Hain!' Darauf brach die Königin Maja auf, und mit ihr zogen 80 000 mit Pferden bespannte, Schmuck überladene Wagen, 80 000 reich gezierte Elefantengefährte und ein Geleit von 80 000 Fußsoldaten, sämtlich kühne und starke Helden, schön, wohlgestaltet und mit festgefügten starken Rüstungen gepanzert. Hinter ihr folgten 60 000 Shakya-Mädchen und eine besondere Schutztruppe von 40 000 älteren, jüngeren und im besten Alter stehende Shakyas, nur aus solchen Familien, die dem König Shuddhodana verwandt waren. Zum weiteren Gefolge gehörten 60 000 Frauen aus dem Harem des Königs, die ein Konzert von Gesang und Instrumentalmusik veranstalteten, und angeschlossen hatten sich je 80 000 prächtig geschminkte Götterjungfrauen, Schlangenmädchen, himmlische Musikantinnen und Frauen von Halbgöttern und Dämonen. In mannigfachen Gesängen und Melodien der Königin Ruhm verkündend, gaben ihr alle diese das Geleit. Der ganze Lumbini-Hain aber war mit duftendem Wasser gesprengt und mit himmlischen Blumen überstreut worden, und alle Bäume gaben unzeitgemäß Blätter, Blüten und Früchte. Im Lumbini-Hain angekommen, stieg die Königin von ihrem kostbaren Wagen ab, streifte, umgeben von irdischen und himmlischen Frauen, von Baum zu Baum und wandelte von Gebüsch zu Gebüsch. Baum für Baum sah sie sich an und gelangte schließlich zu einem großen Plaksha-Baum. Der war eine Perle unter den Bäumen, mit wohlproportionierten Zweigen und gleichmäßig verteilten Blättern und Blütenknospen. Mannigfache himmlische und irdische Blumen überdeckten ihn, denen der Duft der vortrefflichen Wohlgerüche entströmte. Von den Zweigen hingen verschiedenfarbige Gewänder herab, und der Baum glänzte in dem bunten Farbenspiel unzähliger ihn zierender Perlen. Wurzeln, Stamm, Zweige und Blätter waren mit edlen Steinen aller Art geschmückt. Die Zweige dehnten sich in prächtigem Wuchs in die Breite, während die Standfläche eben wie ein Handteller war. Über den Boden breitete sich grünes Gras von Pfauenhalsfarbe und so angenehm anzufühlen wie ein weicher Stoff gleichmäßig aus. Unter diesem Baum hatten auch die Mütter der früheren Buddhas geweilt, und er war oft in den Liedern der Götter besungen worden. Rein, fleckenlos und lauter ist er, und 100 000 der in ihrem Inneren zur

Ruhe gekommenen Götter der reinen Sphäre hatten sich schon verehrend mit den Köpfen vor ihm geneigt, so tief, daß Flechten und Diademe zu Boden hingen. Und es neigte sich infolge der Majestät des Bodhisattva der Plaksha-Baum und grüßte. Da streckte die Königin Maja ihren rechten Arm aus, so schnell, daß es schien, als wenn ein Blitz die Luft durchzuckte, ergriff den Plaksha-Zweig und stand, den Blick gen Himmel gerichtet und sich anmutig dehnend, da. In diesem Augenblick näherten sich Hunderttausende von himmlischen Jungfrauen, die von den Göttern der Sinnenreiche her herbeikamen, der Königin Maja, um ihr aufzuwarten. Und als so die zehn Monate voll waren, trat der Bodhisattva, der schon im Mutterleibe mit solchen Fähigkeiten zu Wundern ausgestattet war, zur rechten Seite seiner Mutter heraus. Er war bei vollem Bewußtsein und nicht mit dem Schmutz des Mutterleibes behaftet. Und in diesem Augenblick standen Shakra, der Götterkönig, und Brahma, der Herr der Geschöpfe, vor der Königin, nahmen den König Bodhisattva höchst ehrerbietig und bedacht entgegen und hüllten ihn sorgsam mit allen Gliedern in ein himmlisches Seidengewand."[4]

Diese beiden Erzählungen sind erfüllt von der Liebe zur Schönheit der Natur, die ihrerseits alles, was ihr zur Verfügung steht, beiträgt, um dem großen Ereignis den Glanz zu verleihen, der dem göttlichen Kind zusteht. Es wird hier auch sehr schön deutlich, wie Mensch und Natur durch die Beziehung zum Göttlichen eine Einheit bilden. Diese Verwobenheit – alles hat mit allem zu tun, das eine ist vom anderen durchdrungen, nichts kommt ohne ein weiteres aus – wird in der modernen Wissenschaft System-Theorie genannt, die als neues Paradigma das klassische kartesianische Denken von Ursache und Wirkung ablöst. Wollte man die Geburten der göttlichen Kinder im linear-kausalen Denken nachvollziehen, käme man sehr rasch an eine Grenze. Man kann nicht sagen: „Maria hat Jesus geboren, weil sie schwanger wurde." Oder: „Der Komet erschien am Himmel, weil Jesus zur Welt kam." Man kann ebensowenig sagen: „Weil der Komet am Himmel aufleuchtete, wurde Jesus geboren." Oder: „Weil Jesus kommen sollte, mußte Maria schwanger werden." Denn am besten beschrieben wird das Ereignis der großen Geburt in der Sprache der Gleichzeitigkeit, die in der Terminologie C. G. Jungs Synchronizität genannt wird. In der Synchronizität werden Geschehnisse nicht durch Ursache/Wirkung, sondern durch einen gemeinsamen Sinn verbunden. Dieser gemeinsame Sinn verbindet die einzelnen Teile zu einem Ganzen und hebt sie dadurch auf eine andere Ebene. Nicht mehr das rein zeitliche Nacheinander „weil – deshalb" ist von Bedeutung, sondern die Frage „wozu?". In der Synchronizität wird auf eine wichtige Aussage hingewiesen. Die Synchronizität ist sozusagen der Durchblick auf die Ganzheit: Als eine bestimmte Sternkonstellation erreicht war, wurde Maria schwanger und gebar den Gottessohn in dem Augenblick, in dem der Komet am Himmel erstrahlte.

In seinem Buch „Das göttliche Kind" zitiert Paul Schwarzenau eine Stelle aus dem Protevangelium des Jakobus:

„An einsamem Ort finden sie eine Höhle, Josef führt Maria und seine Söhne in diese hinein. Er selbst sucht nach einer Hebamme. Im Augenblick der Geburt erstarrt die Zeit: Ich aber, Josef, ging umher und ging (doch) nicht umher, und ich blickte hinaus zum Himmelsgewölbe, und ich sah es stillstehen und die Vögel des Himmels unbeweglich bleiben. Und ich blickte auf die Erde, und ich sah eine Schüssel stehen und Arbeiter darum gelagert und ihre Hände in der Schüssel. Aber die Kauenden kauten nicht, und die etwas aufhoben, hoben nichts auf, und die etwas zum Munde führten, führten nichts zum Munde, sondern alle hatten das Angesicht nach oben gerichtet. Und siehe, Schafe wurden umhergetrieben und kamen doch nicht vorwärts, sondern standen still; und der Hirte erhob die Hand, sie mit dem Stecken zu schlagen, aber seine Hand blieb oben stehen. Und ich blickte auf den Lauf des Flusses, und ich sah die Mäuler der Böcke darüberliegen und nicht trinken. Dann aber ging alles auf einmal wieder seinen Gang (18,2).“[5]

„Als die Zeit erfüllt war . . .“ In diesen fünf Worten liegt zusammengefaßt das ganze Geheimnis der göttlichen Geburten. Nur der göttlichen?

Natürlich bekommt eine Frau ihr Kind, *nachdem* sie schwanger geworden ist, nicht aber *weil* sie schwanger wurde. Es gibt zahlreiche Fälle von Fehlgeburten und Totgeburten. Ein Kind erblickt das Licht der Welt sehr viel wahrscheinlicher deswegen, weil für diesen neuen Menschen „die Zeit erfüllt ist“. Jede Mutter weiß, daß für sie im Augenblick der Geburt, die in ihrem Leben immer ein großes Ereignis ist, selbst wenn sie zahlreiche Kinder zur Welt bringt, die Zeit stillsteht. Vergangenheit und Zukunft sind für eine gewisse Dauer aufgehoben; es gibt nur diesen einen gegenwärtigen Augenblick, auf den sie ihre ganze Aufmerksamkeit konzentriert, und wenn im Kreißsaal einer Klinik plötzlich ein Komet aufleuchtete oder mitten im Winter Bäume in ihrer schönsten Blütenpracht dastünden – die Gebärende würde sich darüber nicht wundern, ihr käme das sicher ganz normal vor. Denn sie befindet sich in einem Ausnahmezustand, sie erlebt ein synchronistisches Ereignis, blickt gewissermaßen hinter den Vorhang der Zeit. Das Geheimnis des Lebens offenbart sich ihr, es ist ein göttlicher Augenblick. So ist sie selbst, so sind alle anderen Menschen – schon seit Tausenden von Jahren – zur Welt gekommen, so erblicken gleichzeitig viele andere Kinder das Licht der Welt, werden immer wieder Millionen von Menschen geboren. Sie ist nicht allein, diese Frau mit dem, was ihr geschieht. Sie ist verbunden mit allen anderen Müttern, die waren, sind und sein werden. Und trotzdem – oder gleichzeitig – fühlt sie sich vollkommen allein, wenn auch Ärzte, Schwestern, der Ehemann oder andere hilfreiche Menschen um sie sein mögen. Sie ist allein in ihren Schmerzen, allein mit ihren Gefühlen, allein in ihrer Ohnmacht, ausgeliefert an körperliche Vorgänge, die sie über sich ergehen lassen muß, ob sie will oder nicht. Natürlich kann sie heute eine Narkose verlangen und ihr Bewußtsein ausschalten, aber die Einsamkeit bleibt. Ihr geschieht das Wunder des Lebens, und damit ist sie aufgenommen in den mütterlichen Raum, ist eine Eingeweihte der Großen Mutter, weiß, daß sie Dienerin der Mutter

Leben ist, und spürt vielleicht auch die Demut und Dankbarkeit, die dazu gehört. Es gibt keine Einweihung ohne Schmerzen, ohne Leiden. Nun weiß sie es und spürt die Erhabenheit, die Numinosität dieses Augenblicks, so wie Maja „sich anmutig dehnend" den Bodhisattva gebar. Und da sie nun eingeweiht ist in das Leid, wird sie weiter leiden – um dieses Kind. Sie wird Ängste und Sorgen haben, wird bangen um ihr Kind, wird trauern, verzweifelt sein und ihr Leben ausrichten nach diesem neuen Geschöpf. Die Mütter Krishnas und Buddhas mußten kurz nach der Geburt ihrer Kinder sterben, Maria ertrug viel Leid um ihren Sohn Jesus, alle Mütter der Welt bangen um ihre Söhne, die in Kriege ziehen müssen, alle Mütter hoffen, daß ihrem Kind kein Leid geschehen möge, was immer es tut und wie alt es auch sein mag. Dennoch kann jede Mutter – wahrscheinlich überhaupt jede Frau – besser mit Schmerzen und Leid zurechtkommen als die meisten Väter oder Männer. Die Frau ist angelegt für das große Ereignis Geburt und Schmerz, ist geschaffen, sich zu öffnen, aufzunehmen, zu tragen, herzugeben, zu ertragen. Und dann hält sie ihr Kind auf dem Arm und lächelt – an ihr hat sich das Wunder Leben vollzogen, hat sie zur Madonna werden lassen. Immer wieder sind Männer von diesem Mysterium fasziniert und inspiriert, sie malen, modellieren, bedichten, vertonen, besingen es. Männer sind getrieben, dieses Wunder zu inszenieren – Fortpflanzungs- und Geschlechtstrieb nennt es die Wissenschaft. Wissenschaften beschreiben keine Geheimnisse, sondern Tatsachen oder Theorien. Aber Beteiligte erleben das Göttliche, das sich dahinter verbirgt, falls sie sich diesem Erleben öff-

33

nen. Die Matrix dazu trägt jeder in sich. Wenn man wahrnimmt, daß einen Augenblick lang die Zeit stillsteht, daß alles gleichzeitig geschieht, daß das Leben pausenlos pulsiert, sich ständig erneuert, so wie Mutter und Vater sich im Kinde erneuern, dann hat man den Zugang zum Geheimnis des Lebens gefunden, das in der Verwobenheit, der Vernetzung oder Gleichzeitigkeit zum Ausdruck kommt.

Eine besonders eindrucksvolle, ja beinahe atemberaubende Beschreibung dieses Wunders ist der Mythos der Geburt von Artemis und Apollon:

Im Ägäischen Meer brütete in einem schwimmenden Nest die Schwänin Leda. Sie gebar das göttliche Zwillingspaar Apollon und Artemis. Dieses Ereignis war so bedeutsam, daß das Nest stehenblieb und mit dem Meeresboden verwuchs. Überdies befestigte Gott Poseidon es mit vier diamantenen Säulen. Es ist seither die Insel Delos. Delos bedeutet „Offenbarung".

Hier wird nicht das synchronistische Ereignis um die göttliche Geburt betont, sondern der Ort, obwohl auch dieser im Stillstehen einen Bezug zur Zeitlosigkeit erhält. Die Besonderheit des Geburtsortes kommt ebenso in der Christusgeschichte zum Ausdruck: Maria gebiert ihr Kind in einem Stall. Wir lesen zwar, daß dies ein Notbehelf für die nicht zur Verfügung stehende Herberge war, doch scheint die Stallgeburt einen noch älteren Hintergrund zu haben. Der Stall galt damals den Menschen als höchstes Heiligtum. Denn hier wurden die Haustiere, wertvolle Hilfe und wichtiges Nahrungsmittel für den Menschen, geboren. Jeder Stall ist ein „Ur". Hier wird das Wirken der Großen Mutter, die alles Leben hervorbringt, sichtbar. Helden und Könige sind stolz darauf, daß sie in einem Stall geboren wurden. Der Stall entspricht dem muttergöttlichen Leib. Das Wort „ur" stammt aus dem Indogermanischen und bedeutet „Mutterleib".

Hier wird deutlich, wie die alten Mutter-Mythen durch die neueren des patriarchalen Zeitalters hindurchschimmern. Ebenso scheinen in Leto, die ihr Ei in das zunächst schwimmende Nest Delos legt, Eurynome, „Weites Wandern", oder Iahu, „Erhabene Taube", weiterzuleben:

„Dann nahm Eurynome die Gestalt einer Taube an, ließ sich auf den Wellen nieder und legte zu ihrer Zeit das Weltei. Auf ihr Geheiß wand sich Ophion sieben Mal um dieses Ei, bis es ausgebrütet war und aufsprang. Aus ihm fielen alle die Dinge, die da sind: Sonne, Mond, Planeten, Sterne, die Erde mit ihren Bergen und Flüssen, ihren Bäumen, Kräutern und lebenden Wesen." [6]

Die Große Mutter in Gestalt eines Vogels – der Schwan Leto oder Leda, die Taube Iahu, das Eisvogelweibchen Halkyone (wir werden es noch näher kennenlernen) – war in allen alten Mythen Jungfrau, so wie später Maria Jungfrau sein mußte, wenn sie in den Raum des mütterlichen Mysteriums aufgenommen werden sollte. Und Jungfrau bedeutet nichts anderes als „edle Frau", dazu geschaffen, Mutter zu werden, das Geheimnis des sich erneuernden Lebens kennenzulernen, teilzuhaben am großen Ereignis der göttlichen Geburt, der Geburt des Kindes, jedes Kindes, das die Beziehung des Menschen zum Göttlichen herstellt.

Am Anfang war der
Sohngeliebte

Eurynome – „Weites Wandern", Iahu – „die
Taube", Leda – „die Schwänin": die große Göttin, das Weibliche, erhielt ihren Platz als Mond am
Himmel, als Vogel, der sein Nest sowohl ganz nah
der Erde als auch hoch in den Zweigen der Bäume
und schwimmend im Wasser zwischen Schilf und
Algen baut. Später glänzte Demeter golden im
wogenden Korn, und Maria, ebenfalls im strahlenden Gold ihrer heiligen Krone leuchtend, wurde zur
Himmelskönigin erhoben. Die Mythen priesen das
Weibliche als das Urprinzip des Lebens.

Natürlich sahen die Menschen auch damals, daß
es nicht nur Frauen, sondern ebenso Männer gab.
Doch alle diese Männer kamen als kleine Kinder zur
Welt. Sie waren also Söhne der Mutter. Und da die
Menschen zu der Zeit den Zusammenhang zwischen
Zeugung und geschlechtlicher Vereinigung nicht begriffen, sondern aufgrund des weiblichen Rhythmus
die Schwangerschaft mit dem Mond verbanden,
blieb der Knabe Sohn und wurde später zum Geliebten – nicht zum Vater. Der Sohngeliebte und die
Mutter: sie waren das Paar.

Und die Töchter als Nachfolgerinnen der Mutter
vereinigten sich entweder mit dem Bruder oder mit
dem Vater – wohl eher in Ausnahmefällen mit einem
fremden Mann, denn die Lebensgemeinschaften
damals waren klein und begrenzt.

Kulturen wandeln sich, Äußeres verändert sich relativ schnell. Doch was das „Menschheitskind" früh erlebte, ist tief unten in seiner Seele erhalten geblieben. So wie damals der Mann für die Frau das erregend andere war, das, was sie nicht kannte, weil es nicht war wie sie, und deshalb ihre Neugier weckte und ihr die herrliche Lust der Entdeckung bescherte, genauso geht es noch heute in der Seele der Frau ihrem kleinen Mädchen, wenn sie wahrnimmt, daß neben ihr ein aufregender kleiner Junge lebt. Vielleicht erschrickt sie auch vor dem Unbekannten, wenn sie sehr ängstlich ist. Doch das natürliche, spontane kleine Mädchen wird unbekümmert oder sogar übermütig mit diesem erregend anderen in sich Kontakt aufnehmen und begeistert sein über seine Entdeckung.

Denn durch das Männliche tritt der Geist in Erscheinung – sowohl äußerlich, in der Welt, als auch innerlich, in der Seele. In den Anfängen der Menschheit wurde durch das Männliche die Ratio, das Denken, das sich in Erfindungsgabe, im Machen von Gerätschaften und Bauwerken manifestierte und dadurch Kulturen schuf, die Tätigkeit des Mutterwerdens und -seins der Frau auf sinnvolle Weise ergänzt. Dasselbe findet – im übertragenen Sinne – seit Menschenbeginn in seiner Seele statt. Auch da schafft ein Männliches und gebiert ein Weibliches. Weibliches und Männliches – Materie und Geist – gehören zusammen; doch nicht unbedingt Vater und Mutter. Wohl aber Frau und Geliebter, Mann und Geliebte, Logos und Eros.

Physiologisch äußert sich das darin, daß sich in jedem Chromosom, dem Träger der Erbmasse, männliche und weibliche Gene befinden. Und in der

Psyche erfahren wir auch männliche und weibliche Wirkkräfte in jedem einzelnen Menschen.

Im Mann dominiert der männliche Teil seiner Seele, das Bewußtsein, während die weibliche Seite, die „Anima", sein Unbewußtes beherrscht. In der Frau ist es umgekehrt: Ihr Bewußtsein ist erfüllt vom Weiblichen, das Unbewußte dagegen regiert ihr männliches Aspekt, der „Animus".

Und so wie sich im Äußeren ein Mann und eine Frau anziehen oder abstoßen, sich faszinieren oder gleichgültig lassen, sich lieben oder hassen, sich anregen oder langweilen, so geschieht es auch in jeder einzelnen Seele. Bewußtsein und Unbewußtes stehen miteinander in Verbindung, und ständig geht irgendein Impuls zwischen ihnen hin und her. Diese Beziehung kann ausgeglichen und freundlich, sie kann aber auch voller Spannungen und Irritationen sein. Wie es zwischen diesen beiden da drinnen gerade aussieht, läßt sich am besten daran erkennen, welche Art von Beziehungen die jeweilige Frau zu bestimmten Männern und der jeweilige Mann zu bestimmten Frauen aufnimmt. Sind die Männerkontakte, die eine Frau pflegt, in der Regel unbefriedigend, weil zu aggressiv oder zu lau, ist sie auch mit ihrem Animus in einem unausgeglichenen Kontakt. Erlebt ein Mann immer wieder enttäuschende Begegnungen mit Frauen, hat er auch noch kein harmonisches Verhältnis zu seiner Anima gefunden. Und wenn in zwischenmenschlichen Beziehungen stets Ereignisse eintreten, die den Betreffenden vollkommen überraschen oder bestürzen – „immer passiert mir etwas, auf das ich nicht gefaßt bin, das ich nicht will..." –, dann ist das ein Hinweis darauf, daß dieser Mensch noch nicht gelernt hat, zu seinem Unbewußten eine gute Beziehung herzustellen.

Der erste Mann im Leben einer Frau ist meist, aber nicht unbedingt, der Vater. Oft tritt dieser Mann erst nach Wochen oder Monaten aktiv in das Leben des kleinen Mädchens, manchmal auch länger nicht, zum Beispiel wenn die Mutter allein lebt. Trotzdem wird diese Frau später ihre männlichen Seelenanteile besitzen, denn sie bringt diese als Archetyp, als Grundmuster, zu ihrer Ausstattung gehörend mit. Doch wird sie eher eine unsichere Beziehung zum männlichen Geschlecht entwickeln, wenn sie wenig Gelegenheit hatte, die entsprechenden Verhaltensweisen kennenzulernen.

Die erste Liebe im Leben des Mannes ist seine Mutter. Dieser ersten Liebe bleibt er in der Tiefe seiner Seele immer verbunden, er wird sie nie vergessen, auch wenn ihm das nicht bewußt ist. Er verbringt sein Leben damit, diese erste, einzigartige, beglückendste Liebe wiederzufinden. Er sucht sie in anderen Frauen, er sucht sie in seinen Idealen – die aufgrund der Intensität seiner Suche leicht in Ideologien ausarten können –, er sucht sie aber auch in den Häusern, die er baut, in Wohnungen oder Betrieben, die er einrichtet, im Auto, das er fährt, oder in Mater-ialien, mit denen er sich beschäftigt. Siegfried suchte sie im Schatz der Nibelungen, Parzifal im Gral, Iason im goldenen Vlies. Nie kann der Mann die Enttäuschung überwinden, die ihm seine Mutter bereitete, indem sie ihn verließ. Nie vergißt er den Verrat, den sie ihm antat, weil sie sich einem anderen zuwandte, dem Vater, dem Bruder oder auch der Schwester. Sie ist die einzige wirkliche Liebe für ihn, also soll auch er der Einzig-Geliebte für sie bleiben – das ist es, was jeder Mann, oft vollkommen unbewußt, im Tiefsten seiner Seele fühlt. Er braucht die Mutter, mehr als das Mädchen. Er braucht ihre schützenden, Geborgenheit spendenden Arme, ihre warmen Brüste, ihren weichen Leib, denn das alles gehört nicht zu ihm, ist das erregend andere, das er sucht. Das Mädchen entwikkelt die Fähigkeit, Geborgenheit zu geben selbst, schenkt sie dann ihrem eigenen Kind oder kann sie auch für sich selbst in Anspruch nehmen. Der Mann kann das nicht so ohne weiteres. Er ist angewiesen darauf, daß er sie von außen bekommt, er bringt das Bergende, Nährende in sich nur teilweise als Anlage mit. Deshalb ist er das im Grunde schwächere Geschlecht; seine Seele ist empfindlicher, leichter verletzbar und zerbrechlicher als die der Frau, die ja die Kraft in sich trägt, Leben zu schützen und zu erhalten. Der Mann braucht die Frau. Aber keine ist wie die, die er als erste geliebt hat. In der Regel findet er eine, die ihr ein wenig gleicht – vielleicht hat sie dieselbe Art zu sprechen wie Mutter oder dieselbe Rundung der Stirn, oder ihr Lachen klingt auf dieselbe Weise ein wenig nach, oder die Bewegungen ihrer Hände sind ähnlich. Das genügt. Hoffnungsvoll wendet er sich dieser Frau zu, ist fasziniert von ihr, muß sie unbedingt haben – um nach einer Weile festzustellen, daß sie doch nicht ist wie die Erst-Geliebte, und wieder einmal enttäuscht wendet er sich ab. Ein sensibler Mann, der als Kind eine intensive Beziehung zur Mutter hatte, vielleicht weil er der erste und der einzige Sohn war, und der von dieser Frau enttäuscht wurde, kann ein tiefes Mißtrauen gegen alle Frauen entwickeln, weil er fürchtet, stets den gleichen Verrat zu erleben. Trotzdem bleibt seine Sehnsucht. Und die treibt ihn – oft auch in eine Krankheit. Nichts ist gefährlicher als Sehnsucht, die immer wieder enttäuscht wird, die ohne Hoffnung bleibt, denn sie schlägt nach einiger Zeit um in Schmerz, Verzweiflung, Haß. Und Haß bedeutet oft Krieg – mit sich selber oder mit anderen. Wenn es dem Mann nicht gelingt, das erste Liebesobjekt seines Lebens, die Mutter, aufzugeben – zwar unter Trauer, aber ohne Haß – und sich liebend anderen Menschen zuzuwenden, dann bleibt er gefangen im Netz dieser ersten Beziehung, und sein Leben wird auf irgendeine Art unglücklich oder unbefriedigend sein. Die Lösung aus dem Mutter-Komplex, wie es in der Terminologie C. G. Jungs heißt, ist deshalb nicht nur für den einzelnen Mann wichtig, sie ist von zentraler Bedeutung für die gesamte Menschheit, die ja heute überwiegend von Männern regiert und beeinflußt wird – sie ist sogar entscheidend über Krieg und Frieden. Jesus, Botschafter des Friedens, ist diese Lösung gelungen, er gab seine Mutter auf – „Weib, was habe ich mit dir zu schaffen?" – und schenkte seine Liebe anderen, allen Menschen. Er ist zum Erlöser geworden, weil er selbst die Lösung schaffte, die schwierigste von allen.

Er ist das göttliche Kind, er ist Sohn-Geliebter seiner Mutter, aber er ist auch der Mann, der frei von den Umschlingungen der ersten Liebe seinen Weg geht und dadurch auch frei wird, die Liebe zu verströmen, die sonst in der Bindung an die Mutter gefangen bleibt.

Die Mutter ist Liebe, sie ist Wonne, Entzücken, Seligkeit – und diese Erinnerung währt ein Leben lang.

Die Mutter ist Schicksal

Es ist geboren, das Kind, liegt in der Wiege oder in seiner Mutter Armen. Ruhig geht sein Atem, die Augen hält es noch geschlossen, ebenso wie die winzigen Fäustchen. Es hört nicht auf die Geräusche rings umher, es beachtet nicht, was in der Welt, die noch nicht die seine ist, geschieht. Ein Bild des Friedens bietet sich dem Betrachter, und er mag nicht glauben, daß dem kleinen Geschöpf einmal Gefahren drohen könnten. Sollte sich diese Seele später mit Ängsten plagen, dieser zarte Körper Qualen ausgesetzt sein? Die Mutter drückt ihr Kind fest an sich. „Nein, nein, nicht mein Kind! Meinethalben kann die ganze Welt untergehen, aber meinem Kind darf nichts geschehen!" Ein kleiner (seliger?) Seufzer kommt von dem Bündel auf ihren Armen. Sie schmiegt ihr Gesicht an das seine. Das Herz könnte ihr brechen, wenn sie daran denkt, daß auch dieser Mensch einmal seine Lasten tragen muß, daß ihn sein Schicksal Pfade führen wird, von denen es jetzt noch nichts weiß und die seine Mutter sicher nicht für ihn will.

Schicksal? Was ist das? Gibt es das überhaupt? Ist nicht jeder Mensch selbst „seines Glückes Schmied"? Wie dachten die alten Völker darüber?

„Es gibt drei zusammenwirkende Schicksalsgöttinnen, gekleidet in weiße Gewänder. Erebos zeugte sie mit der Nacht. Sie hießen Klotho, Lachesis und Atropos. Von ihnen hatte Atropos die kleinste Gestalt, aber sie war die Schrecklichste.

Zeus wägt das Leben der Menschen und tut den Schicksalsgöttinnen seine Beschlüsse kund. Er kann, so sagt man, seine Meinung ändern und die, die ihm gefallen, retten, wenn der Faden des Lebens, der auf Klothos Spindel gesponnen ist und, gemessen mit dem Maß der Lachesis, von den Scheren der Atropos zerschnitten werden soll. In der Tat behaupten die Menschen, daß sie in einem gewissen Maße ihr eigenes Schicksal lenken können, indem sie unnötige Gefahren vermeiden. Darum lachen die jüngeren Götter über die Schicksalsgöttinnen und erzählen, daß Apollon sie einst in seinem Mutwillen trunken machte, um seinen Freund Atmetos vom Tode zu retten. Andere glauben im Gegensatz zum vorher Gesagten, daß selbst Zeus den Schicksalsgöttinnen untertan ist. Dies offenbarte einst die pythische Priesterin in einem Orakel. Denn sie sind nicht Kinder des Zeus, sondern parthenogene Töchter der großen Göttin Schicksal, gegen die sich auch die Götter nicht auflehnen können. Sie wird ‚das starke Geschick‘ genannt." [7]

In den drei parthenogenen, das heißt jungfräulich geborenen, Schicksalsgöttinnen der Griechen erkennen wir wieder die Mondgöttin: Ob sie nun Inanna, Ischtar, Isis, Anath, Demeter, Aphrodite, Hekate, Semele oder Phoibe heißt, immer ist sie die dreifaltige Göttin mit den Aspekten des zunehmenden Mondes (junges Mädchen), des Vollmondes (Nymphe = mannbares Weib), des abnehmenden Mondes (altes Weib). Sie trägt die weißen Gewänder des hellen Gestirns. Daß die Schicksalsgöttinnen mit der Nacht gezeugt sind, ist ein weiterer Hinweis auf ihre eigentliche Gestalt. Die Dreiheit spielt seit jeher eine große Rolle in der Vorstellung der Menschen: Der Mensch beginnt mit seiner Geburt, lebt und endet mit dem Tod – Vergangenheit, Gegenwart, Zukunft. Und immer wußten sie, daß sein Schicksal in den Händen der Großen Mutter liegt. Der ägyptischen Göttin Isis war der Leinenfaden, der Schicksalsfaden, heilig. Schicksal ist also weiblich.

Sie spinnen unsere Lebensfäden, die Moiren, wie sie bei den Griechen, oder Nornen, wie sie bei den Germanen heißen. Sie spinnen den Faden, weben und kämmen ihn – wir müssen es tragen, das Gewand, das sie für uns bestimmen. Selbst Zeus mußte das. In der germanischen Edda gibt es den Mythos, daß die Weltenesche Yggdrasil die Erde zusammenhält. Wenn sie von den zahlreichen Tieren, die an ihren Blättern fressen, und der Schlange Nidhöggr, die an ihren Wurzeln nagt, zerstört ist, wird der Weltuntergang dasein. Doch die Nornen sorgen dafür, daß Yggdrasil immer mit frischem Wasser versehen wird, um ihre Zerstörung aufzuhalten, selbst wenn sie diese nicht abwenden können. Das Schicksal bestimmt unser Leben.

In vielen Märchen werden die Motive der Mythen wieder aufgegriffen: Dornröschen stach sich an der Spindel und fiel in totenähnlichen Schlaf, wie die Feen es bestimmt hatten. (Über die Zahl 13, die hier eine Rolle spielt, werden wir im nächsten Kapitel noch mehr erfahren.) Im Frau-Holle-Märchen sticht sich das Mädchen an einer Spindel und springt hinab in den Brunnen, in das Wasser, das ebenfalls dem Weiblichen (Fruchtwasser) zugeordnet ist, um der Schicksalsmutter Frau Holle (= Holda, Perchta, Frigg) zu dienen. Schneewittchen bekommt die Macht des Schicksals im vergifteten Kamm (der Kamm war in zahlreichen Kulturen Gegenstand religiöser Verehrung), im zu fest geschnürten Mieder (Riemen und Bänder sind gleichzusetzen mit den Schicksalsfäden) und im vergifteten Apfel (der Apfel ist sowohl ein Symbol des Lebens wie des Todes, die ja beide zusammengehören) zu spüren. Auch Kore, die Tochter der Vegetationsgöttin Demeter, die vom Gott des Todes in die Unterwelt entführt wurde, ißt von der Totenspeise, einem Granatapfelkern, und muß deshalb, zumindest ein Drittel des Jahres, Gemahlin des Unterweltherrschers bleiben; und im Märchen „Die sechs Schwäne" muß die treue Schwester den in Schwäne verzauberten Brüdern Hemden aus Sternenblumen wirken, damit diese erlöst werden können. Da ist das Weibliche die Weberin und die Erlöserin. Das spürt jede Frau in sich: Sobald sie weiß, daß sie schwanger ist, drängt es sie, für ihr Kind das erste Kleidungsstück zu häkeln, zu stricken oder zu nähen. Selbst Frauen in der Umgebung einer Schwangeren – die Großmutter, Tanten oder Freundinnen – erleben die Kraft dieses archetypischen Geschehens und beginnen mit Handarbeiten für das erwartete Kind.

Das „Umgarnen" spricht man dem Weibe zu; die Schürzen, die Frauen tragen, werden mit Bändern gebunden. Und damit der Schicksalsfaden nicht zu schnell davonrinnt, versucht der Mensch, ihn durch

Verknoten und Verflechten aufzuhalten: Das Haar wird geflochten und gebunden, die Krawatte wird geknotet. Armbänder, Ketten und Ringe, die früher nur Göttern als Zeichen ihrer Unsterblichkeit zustanden, tragen heute auch die Menschen gern. Wer in die heiligen Mysterien der Göttin Demeter eingeweiht war, durfte den Lebensfaden an Hand- und Fußgelenk tragen.

Da liegt es nun, das Neugeborene, und weiß nicht um all die Mächte, in die es eingewoben, eingesponnen ist. Warum auch? Soll es doch unbeschwert und unbelastet seinem Leben entgegenschreiten. Es ist gut, daß wir nicht wissen, was unser Schicksal ist. Machen wir das Beste aus jeder Situation, gestalten mutig, was es gerade zu gestalten gibt, mit der Kraft, die uns zur Verfügung steht. Und doch – jeden von uns bewegt immer einmal wieder die Frage nach dem Schicksal. Manche befragen das Orakel oder die Sterne – das haben übrigens auch schon die alten Gottheiten gern getan. Der Mensch ist neugierig und wißbegierig, seit er vom Baum der Erkenntnis gegessen hat.

Dieser Baum, der ihm Erkenntnis, Wissen vermittelt hat, bildet aus seinen Zweigen eine Krone gleich einem Netz. Auch seine Wurzeln, in denen Jaldabaoth, die Schlange der Verjüngung, des ewigen Lebens haust, sind netzartig verflochten. Und über dem Geflecht seiner Krone wandern die Sterne – jede Jahreszeit sieht anders aus am Firmament, jede Jahreszeit bringt etwas anderes für die Menschen auf der Erde, es muß doch eine Beziehung zwischen beiden bestehen. Wenn man also wüßte, was sich dort oben wann und wie vollzieht, wüßte man auch, was man hier unten zu erwarten hat.

So stellten die Menschen früherer Zeiten geflochtene Schilfmatten her und nahmen helle und dunkle Steine, die sie darauf setzten, um den Lauf der Sterne und damit ihr Schicksal zu bestimmen. Unsere Brettspiele erinnern noch heute daran.

Delphi, die große Orakelstätte der Frühzeit, war, bevor Apollon sie eroberte, der großen Mondgöttin geweiht. Die ersten delphischen Priesterinnen hießen „Melissai", die Honigbienen, und der Schrein im großen Tempel, der Sitz des Orakels, glich einem Bienenstock.

In dieser frühen Zeit glich ja der Bienenstaat dem damals herrschenden Matriarchat. So wie die Bienenkönigin nach dem Hochzeitsflug die Drohnen vernichtete, so war auch damals der Mann vom Rhythmus der Frau abhängig, wurde begehrt, wenn es Zeit dazu war, und weggeschickt oder auch getötet, wenn er nicht mehr gebraucht wurde. Der Mond bestimmte also auch sein Leben. In der Vorstellung der Menschen damals brachte der Mond auch den süßen Honig hervor, denn nach seinem Rhythmus richtete sich die Fruchtbarkeit sowohl der Bienenkönigin als auch der Menschenfrau. Der Bienenstock stellte den Mond und die Bienen stellten die ihn umgebenden Sterne dar.

Mond und Sterne waren demnach von existentieller Bedeutung für die Menschen. So braucht es uns nicht zu wundern, daß es ihnen wichtig wurde, die Geheimnisse ihres Schicksals, der Zusammenhänge des kosmischen mit dem menschlichen Geschehen zu befragen und zu begreifen. Auch der Mutter Alexanders, dessen Zeugungsgeschichte wir nun schon kennen, war es wichtig, ihre Zukunft zu erfahren. Wieder steht die Mutter in Verbindung mit

dem Schicksal, so wie auch in folgender Zigeunergeschichte:

„*Tereina verstand nichts von den Geheimnissen
der Zauberei. Aber sie ahnte, daß ihre Mutter einige
Augenblicke allein sein wollte, und so legte sie sich
zu ihrem Sohn, ohne weitere Erklärungen zu verlangen.*

*Dunicha war dicht beim Feuer geblieben und
murmelte ein Gebet; mit leiser Stimme sprach sie
die Worte, die Tereina hörte, deren Bedeutung sie
aber nicht erfassen konnte. Dunicha redete in einer
unbekannten Sprache.*

*Als Dunicha ihr sonderbares Gebet beendet
hatte, ließ sie ihre Pfeife ausgehen, belebte das
Feuer, indem sie einige Zweige in die Glut warf,
und legte sich ihrerseits neben Tereina und dem
Kinde zu Bett.*

*Für Tereina wollten die Minuten kein Ende neh-
men. Trotzdem war sie sehr schläfrig, denn sie war
erschöpft von den Anstrengungen der Geburt. Sie
hätte schlafen mögen. Aber sie weiß, daß sie mit
aller Kraft gegen den Schlaf ankämpfen muß, denn
in wenigen Augenblicken wird sie die Zukunft
ihres Sohnes kennen. Sie hat Angst. Die Ursitory
werden kommen. Was wird sie tun, wenn sie
beschließen, daß er sterben muß? Sich selbst töten? Ach, sie könnte es nicht. Denn bei ihrer Geburt
haben ihr die Ursitory 40 Lebensjahre zugespro-
chen – vorausgesetzt, daß sie mit 20 Jahren verheiratet und mit 21 Mutter wäre. Dunicha hatte sie
gelehrt, was die Ursitory bestimmt hatten. Nein,
selbst wenn sie es wollte, könnte sie sich nicht
töten ...*

Tereina hätte noch lange über die Zukunft nachgedacht, wäre sie nicht durch Schreie des Kindes, das aus seinem Schlummer erwachte, aus ihren Träumen gerissen worden. Sie streichelte es sanft, um es wieder einzuschläfern, aber Dunicha hielt ihren Arm fest und sagte: ‚Laß’ es weinen, das wird ihm guttun.‘

Tereina hörte auf, und das Kind weinte nicht mehr. Von einem Augenblick zum anderen verwandelte sich sein Gesichtsausdruck. Es schien irgendeinem Unsichtbaren entgegenzulächeln. Tereina war betroffen. Dunicha aber hatte verstanden: das Neugeborene begann die Ursitory zu sehen. Weder sie noch ihre Tochter konnten sie erkennen, aber wenn sie erst sprechen würden, kämen ihre Stimmen bis zu ihnen. Mit dem Finger auf den Lippen gab Dunicha ihrer Tochter Zeichen zu schweigen. Das leiseste Wort würde die Engel vertreiben, und niemals würde jemand die Zukunft des Kindes erfahren.

Ein langes Schweigen trat ein. Dann erklang, aus weiter Ferne, eine erste Stimme. Obwohl Tereina keine Zauberin war, vernahm sie die Stimme ebensogut wie Dunicha.

‚Wie schön ist dieses Kind‘, sagte die Stimme.

Eine zweite Stimme, aus gleicher Ferne, antwortete: ‚Er wird ein starker Mann sein, wenn er groß sein wird.‘

‚Aber er wird nicht leben‘, erklang wieder die erste Stimme.

Tereina erzitterte und drückte ihren Sohn stärker an sich. Doch die Stimme, die versichert hatte, daß er stark sein würde, versprach von neuem:

,Er wird bis zu seinem 80. Jahr leben. Er wird stark und klug sein.'

Tereinas Ohren schien diese Stimme zart und harmonisch. Es ist süß, sie zu hören; denn sie ist voller Lächeln. Es ist die Stimme des Glücks. Die andere ist zerrissen von Klagen und Schluchzen. Sie ist die Verkündung des Unglücks und der Leiden.

,Ich sage, daß dieses Kind nicht leben darf.'

,Wenn du fortfährst, diesem Kind das Leben abzusprechen, werde ich 10 Lebensjahre hinzufügen. Es wird 90 Jahre alt werden.'

,Da wir uns nicht einigen können', erwiderte die Stimme des Unglücks, ,wollen wir uns an unseren Meister wenden, an Ursitory den Mächtigen.'

,Ja, wenden wir uns an Ursitory den Mächtigen.'

Und die beiden Stimmen stellten gemeinsam die gleiche Frage: ,Meister, wie lautet deine Entscheidung?'

Nun sprach eine dritte Stimme.

Das Urteil, das sie verkünden würde, wird unwiderruflich sein. Dunicha kennt diese Stimme gut. Sie nennt sich Stimme der Vernunft.

Ernster und kraftvoller als die anderen spricht diese Stimme: ,Habt ihr etwas Ungewöhnliches bemerkt, als wir hier eintraten?'

,Was denn, Meister?' fragten, immer gemeinsam, die beiden ersten Stimmen.

,Ich werde es euch lehren. Betrachtet dieses Feuer!'

Dunicha und Tereina richteten ihre Blicke auf das Feuer, als ob diese Worte ihnen gegolten hätten.

,Betrachtet es genau', fuhr die Stimme fort. ,Heute morgen hat eine Frau die Zweige gebrochen, die in diesem Kamin flammen. Es ist jetzt 20 Jahre her, seit ein Mann in diesem Walde getötet und begraben wurde. Auf seinem Grab wuchsen Bäume. Als Dunicha, die Großmutter dieses Kindes, von diesen Bäumen Zweige brach und ins Feuer warf, schickte sie sich an, die Seele dieses Mannes zu verbrennen...'

Tereina glaubte, daß ihr Sohn verurteilt sei. Sie blickte auf Dunicha. Vielleicht hatte sie die Macht, ihn zu retten?

Nun sprach wieder die schluchzende Stimme. ‚Dunicha hat große Schuld auf sich geladen. Ihr Enkelsohn muß heute abend sterben.'

Aber die Stimme des Glücks brach in ein fröhliches und spöttisches Lachen aus: ‚Weil die Großmutter einen Fehler begangen hat, besteht kein Grund, daß ihr Enkelsohn dafür büße!'

‚Das Unheil, das sie begangen hat, kann sie selbst nicht sühnen; denn schon bei ihrer Geburt haben wir ihr Schicksal bestimmt. Der allmächtige Meister hat damals entschieden, daß sie wenige Tage nach der Geburt ihres Enkelkindes sterben müsse. Sie hat also nicht mehr lange zu leben. Ebensowenig kann die Mutter das Verbrechen sühnen; denn der Meister hat entschieden, daß sie erst mit 40 Jahren sterben wird. Daher wiederhole ich: Das Verbrechen kann nur durch das Kind gesühnt werden.'

‚Ich vertraue auf die Entscheidung des Meisters. Er wird die Lösung finden, die geboten ist.'

‚Auch ich vertraue seiner Entscheidung', fügte die Stimme des Unglücks hinzu.

Und nun sprach Ursitory der Mächtige mit seiner ernsten Stimme: ‚Dieses Kind soll auf eine besondere Art sühnen und büßen. In dem Feuer, das dort brennt, erkennt ihr ein sehr dickes Holzscheit. Es stammt von dem Baum, der über dem Herzen des Mannes, der an dieser Stelle begraben ist, emporwuchs. Wenn dieses Scheit ganz von den Flammen verzehrt sein wird, hört das Kind auf zu leben.'

Die Stimme schwieg, und die anderen antworteten ihm nicht mehr. Das Urteil war unwiderruflich. Tereina, von tiefstem Schmerz zerrissen, nahm ihren Sohn, hielt ihn zum Himmel empor und weinte, als ob er schon tot wäre, dieses kaum geborene Kind, das nur noch eine Stunde leben sollte. Dunicha hingegen weinte nicht; sie lächelte und schien sich zu freuen. Tereina konnte sich diese Freude nicht erklären. Der Meister der Ursitory hatte doch ihr Kind verurteilt. Allerdings war seine Stimme der Dunicha wohlvertraut. Hunderte von Malen hatte sie diese Stimme gehört. Vielleicht hatte sie ihre besondere Art, sie zu begreifen? Die Alte war ja eine Zauberin...

Dunicha sprang aus dem Bett und lief mit nackten Füßen zum Feuer. Sie ergriff das brennende Scheit, das der Ursitory bezeichnet hatte – es war kaum einen halben Meter lang –, hob den Vorhang, der die Chera verschloß, und warf das Scheit auf den Schnee hinaus. Dann deckte sie mit vollen Händen Schnee auf das brennende Scheit und erstickte die brennenden Flammen. Danach schwang sie das geschwärzte und feuchte Holz, trat in die Chera zurück und sagte zu Tereina, deren Augen voller Tränen waren, mit schlichter Stimme: ‚Sieh her, er ist gerettet!' Und da Tereina sprachlos war, fuhr sie fort:

‚Erinnere dich der Worte des mächtigen Meisters

der Ursitory. Wenn dieses Scheit ganz von den Flammen verzehrt sein wird, hört das Kind auf zu leben. Und nun brennt es nicht mehr. Das Feuer hat es nicht verzehrt, also wird dein Sohn leben. Jetzt kommt es auf dich an, Tereina, dieses Stück Holz zu bewahren. Gib acht, daß niemand es jemals nimmt. Hüte es, wie du dein Kind hütest. Vergiß nicht, daß sein Leben von diesem Holzscheit abhängt. Du bist eine gute Mutter und wirst es gut hüten. Das ist der letzte Rat, den Dunicha dir geben kann. Die Ursitory haben gesprochen. Du weißt es ja. Dunicha hat nicht mehr lange zu leben."*[8]

Hier bediente sich der Dichter eines alten griechischen Mythos:

„Sieben Tage nach der Geburt des Meleagros fanden sich bei Althaia die Moiren ein (die Schicksalsgöttinnen) und sagten ihr voraus, daß das Geschick des kleinen Kindes an das Holzscheit gebunden sei, das im Herdfeuer brannte. Wenn das Scheit ganz verbrenne, werde Meleagros sterben. Althaia beeilte sich, das Scheit herauszuziehen und auszulöschen, dann bewahrte sie es, allerdings sorgfältig verborgen, auf.
Als Meleagros erwachsen war, geschah es, daß Oineus vergessen hatte, Artemis in ein Opfer einzubeziehen, das er nach der Ernte allen Göttern darbrachte. Artemis schickte einen riesigen Eber gegen das Land Kalydon, der die Felder verwüstete. Meleagros beschloß, das Königreich von dieser Geißel zu befreien, und rief eine große Zahl Jäger zusammen... Neun Tage lang feierten die Jäger bei Oineus. Am zehnten trafen sie sich im Freien, trotz

des Widerwillens einiger, eine Frau unter sich zu
sehen. Aber Meleagros hatte sich in Atalanta ver-
liebt und überredete die Jäger, ihre Anwesenheit
hinzunehmen. Der Eber war bald gestellt; bei der
Hetzjagd tötete er zwei Jäger. Als erste verletzte
Atalanta das Tier mit einem Pfeilschuß. Amphia-
raos brachte ihm eine zweite Wunde bei, und Mele-
agros erlegte es. Er machte die Haut der Atalanta
zum Geschenk, was die Söhne des Thestios
empörte. Aus Zorn brachte Meleagros sie um. Als
Althaia von diesem Mord erfuhr, warf sie das
Scheit ins Feuer, an dem das Leben ihres Sohnes
hing, und Meleagros starb."[9]

Die Mutter als Spenderin des Lebens und als
Todesbringerin – die große Macht des Weiblichen –
wird sowohl in der Zigeunergeschichte als auch im
Meleagros-Mythos deutlich. In beiden Geschichten
bestimmten sie das Leben ihres Sohnes. Sie sind
Trägerinnen ganz bestimmter Wertvorstellungen,
denen sich der Sohn unterwerfen muß. Sowohl Althaia im griechischen Mythos als auch Tereina später in der Zigeunergeschichte werfen ganz bewußt
das Holzscheit ins Feuer, nachdem der Sohn etwas
getan hat, was sie mißbilligen. Ist es Grausamkeit
oder Herrschsucht, die diese Mütter veranlaßt, das
Leben des geliebten Sohnes auszulöschen beziehungsweise verbrennen zu lassen? Und warum
bedienen sie sich dazu eines Holzscheits?

Das Holz ist Teil des Lebensraumes. Diesen großen, die Welt und damit das Leben umfassenden
Baum gibt es in fast allen Kulturen. Yggdrasil heißt
die Weltenesche bei den Germanen, Chuluppu-
Baum bei den Sumerern oder Baum der Erkenntnis

im Alten Testament. Und um die Wurzeln dieses Baumes schlingt sich der geheimnisvolle Leib einer Schlange, ihre Namen sind Nidhöggr, Tiamat und Jaldabaoth. Immer hat die Schlange Verbindung zum Weib. Sie ist die Kraft der Leben hervorlockenden Triebhaftigkeit des unteren Raumes, sie ist die Bewacherin der geheimnisvollen, dunklen, schleimigen Höhle Gebärmutter, die im Griechischen Delphoi heißt. Deshalb bewachte ursprünglich auch die Schlange Pythia das Delphische Orakel, bevor sie von Apollon erschlagen wurde; das heißt, das Mutterrecht herrschte, bis die Griechen das Patriarchat einführten.

Doch im Holz des Weltenbaumes wirkt das Mutterrecht weiter. Das Holzscheit ist Träger dieses Rechts. In der germanischen Edda heißt es von den Nornen, den Schicksalsgöttinnen: „... sie kerbten in Scheit..." Das Kerben in Holz ist uralt, Ähnliches gibt es in allen Kulturen. Es wurde zum Zählen verwendet. Die ersten Zahlen sind in Holz gekerbte gerade oder schräge Zeichen. Und dieses Zählen wurde benutzt, um Schulden aufzuzeichnen, so wie wir heute Rechnungen erhalten, nachdem wir etwas gekauft haben. Wenn jemand also „etwas auf dem Kerbholz hat", dann handelt es sich um eine Schuld.

Zur Zeit des Mutterrechts war die Mutter die Rechtsprecherin – die Justitia ist noch heute weiblich –, sie verwaltete das Kerbholz oder das Scheit. Und wenn durch eine Schuld das Leben ihres Sohnes verwirkt war, warf sie es kurzerhand ins Feuer. So wurde er aus dem Wirkwerk des Schicksalsnetzes für immer herausgenommen. Ahnt der heutige Mann noch immer die schicksalbestimmende Macht der Frau? Liegt darin die Angst vor den Frauen begründet, die in fast allen Männern untergründig erhalten geblieben ist? Sind sich die Frauen unserer heutigen Zeit dieser Macht, die als archetypische Kraft in jeder von uns schlummert, wie Jaldabaoth am Baum der Erkenntnis, bewußt? Wissen sie um die Verbindung mit der großen Mutter Erde, der Mondgöttin, der Mutter Natur? Sie kann Leben schaffend, gut, spendend, nährend, wohlwollend sein; sie kann aber auch Leben vernichtend, böse, verschlingend, gierig und schrecklich sein. Die gute Mutter und die böse Mutter – in der Psychotherapie haben wir ständig mit beiden Aspekten zu tun.

Doch das ist nicht Schicksal, wie wir mit den uns mitgegebenen Anlagen und Fähigkeiten umgehen. Wenn wir etwas wissen, können wir nicht so tun, als wüßten wir es nicht. Das Schicksal annehmen heißt nicht, Verantwortung abgeben. So wäre die Macht des Schicksals falsch verstanden. Es annehmen heißt, bewußt die Realität der Gegenwart und die Möglichkeiten der Zukunft wahrnehmen und verantwortungsvoll die Entscheidungen treffen, die man für die richtigen hält. Dann wird sich das Geschehen als ein ganz individuelles Muster „meines Lebens" zusammensetzen.

Das Kind in den Armen seiner Mutter schläft den süßen Schlaf des „Noch-nicht-Wissens". Die zahlreichen Glückwünsche, die beide erhalten, umwunden mit bunten, zu Schleifen verknoteten Bändern, sind Gaben an die Schicksalsgöttinnen: Seid gnädig mit diesem Kind!

Das Lichtkind

Menschen, die sich mit den Vorgängen und Bildern ihrer Seele beschäftigen, können Motive sehr alter Mythen in sich entdecken und erfahren, meist ist ihnen dies aber nicht bewußt. Für den Psychotherapeuten ist es allerdings aufregend und faszinierend, Bilder aus der Psyche heute lebender Menschen zu hören und zu sehen, die den religiösen Vorstellungen der Menschen vor sechs-, sieben- oder achttausend Jahren entsprechen. Oft ist der Ausgangspunkt solchen Sichtbarwerdens seelischer Urbilder – sei es in Träumen, Phantasien oder Gestaltungen – eine Depression oder auch eine Introversion, das heißt ein Sich-nach-innen-Wenden, Sich-in-sich-selbst-Zurückziehen, ein Sich-Abwenden von äußeren Geschehnissen. Manche Menschen leben auch überwiegend in einer introvertierten Haltung, sie erleben häufiger und unmittelbarer die Symbolwelt aus den tiefen Schichten ihrer Seele, die C. G. Jung das „kollektive Unbewußte" genannt hat.

Eine Frau, die sich in einer schwierigen Krisensituation befindet – ein alter, überholter Lebensabschnitt muß zugunsten eines neuen, jetzt für sie angemesseneren aufgegeben werden, was natürlicherweise mit Ängsten und Schmerz verbunden ist –, bringt zu einer psychotherapeutischen Sitzung ein Bild mit, das sie gemalt hat. Ein Weg ist zu sehen, der hinauf- und hinausführt, eine Brücke, ein nach oben sich öffnender, unten jedoch tief verwurzelter Baum und groß, das ganze untere Drittel des Blattes einnehmend, ein rotes, uterushaftes Gebilde und da mitten drin ein helles, leuchtendes Etwas in Form eines Embryos. „Das ist das Lichtkind", sagt die Frau sichtlich erregt. Sie weiß weiter nichts darüber zu berichten. Es ist eben einfach das Lichtkind, sagt sie, während sie zu den anderen Motiven ihres Bildes vieles assoziiert. Dieses Bild ist ihr sehr wichtig. „Warum?" – „Weil das Lichtkind darauf erschienen ist." – „Erschienen?" – „Ja." – Sie hatte nicht vor, ein „Lichtkind" zu malen, weiß gar nicht, daß es so etwas überhaupt gibt. „Es hat sich wie von selbst gemalt." Es ist ein Aspekt des „Selbst". Es ist der leuchtende Repräsentant der Kraft, die das Unbewußte der Frau zur Verfügung stellt, damit sie den Weg der Erneuerung zu ihrem nächsten Lebensabschnitt gehen kann. Es ist erst ganz klein, dieses Kind, ein Embryo. Es muß noch tüchtig wachsen und geboren werden, um ein springlebendiges, seinen Weg laufendes Menschlein zu sein. Es ist noch eingeschlossen im mütterlichen Raum, im Uterus, noch nicht frei beweglich, aber es ist da, atmet und wächst. „Nachdem ich das Bild gemalt hatte, ging es mir viel besser", sagt die Frau. „Ich spürte eine innere Erregung und wieder neue Energie nach der langen Zeit der Kraftlosigkeit, in der ich mich so hilflos fühlte."

Wieso gehört das „Lichtkind" in den Bereich der alten Mythen? Da gibt es eine alte griechische Geschichte:

„Halkyone – Eisvogelweibchen – hieß sie. Sie stammte aus dem Uradel ihres Volkes. Ihr Vater war Aiolos, der Hüter der Winde. Sie war glücklich verheiratet mit König Keyx von Trachis, dem Sohn des Morgensterns; also stammte sie zugleich von Leda ab. Halkyone und Keyx waren so glücklich, daß die Königin sich in ihrem Übermut Hera und ihren Gatten Zeus nannte. Darüber waren die beiden Olympier verständlicherweise erbost. Also sandten sie ein Unwetter, als Keyx gerade auf einem Schiff zur Stätte eines Orakels unterwegs war. Der Sturm zerbrach das Schiff, und Keyx ertrank. Sein Geist erschien Halkyone. Fassungslos vor Schmerz warf nun auch sie sich in die Flut und kam ebenfalls in den Wogen um. Berührt von so viel Liebe, verwandelte die Meergottochter Thetis beide in Eisvögel. Damit die vom Schicksal so hart Betroffenen sich in Zukunft unbeschwert lieben könnten, verbot Aiolos den Winden, zur Brutzeit des Eisvogelweibchens zu wehen."[10]

Hier haben die Hellenen einen viel älteren Mythos in eine rührende Liebesgeschichte umgewandelt, wohl um die Macht ihres Gottes Zeus darzustellen. Doch die Verbindung mit Hera, deren Name wahrscheinlich aus He Era = die Erde zusammengezogen wurde – sie war die große Göttin der prähellenischen Zeit, erst von den Hellenen wurde sie dann zur Gattin des Zeus „degradiert" –, läßt darauf schließen, daß Halkyone, das Eisvogelweibchen, eine andere Gestalt Letos, der Schwänin, ist. In der Formation der Schwäne, die sich im Herbst versammeln, um in Form eines V gen Süden zu fliegen, sahen die Menschen ein Zeichen für das weibliche

Genitale. Der Schwan wurde deshalb in Asien, Europa und Afrika als Lebensbringer verehrt, in ihm wurde die Große Mutter gesehen. Es gibt zahlreiche Legenden, Riten und Bräuche, die sich mit diesem Vogel beschäftigen, seine Verwandtschaft mit dem Storch Adebar = Atemträger, der die kleinen Kinder bringt, ist ein weiterer Hinweis für den Aspekt des großen Mütterlichen, den diese Vögel tragen.

Was hat aber Halkyone mit dem „Lichtkind" zu tun? Die Zeit, in der Aiolos den Winden zu wehen untersagt hat, sind die seit dem Altertum bekannten „halkyonischen Tage". Sie liegen im 13. Monat (nach den Mondzyklen von 28 Tagen wurde das Jahr damals in 13 Monate und 1 Tag eingeteilt) und enden mit der Wintersonnenwende.

Als dieser Mythos die Menschen beschäftigte, war der „Schalttag" (28 × 13 + 1) ein Tag „außer der Zeit". Er galt als Todestag des alten und gleichzeitig Geburtstag des neuen Königs, der aus dem von Halkyone ausgebrüteten Ei schlüpfte. Das war damals der 25. Dezember. Gleichzeitig geschah es an diesem Tag, daß der Mond seinen dreitägigen Aufenthalt in der Todeswelt beendete und als schmale Sichel, ein sichtbares Zeichen der Hoffnung für das wiederkehrende Leben, am Himmel erschien. Dies ereignete sich alle 19 Jahre, denn nur im 19jährigen Zyklus fallen Wintersonnenwende und das Ende des Neumonds zusammen. Jedes 19. Jahr wurde deshalb auch das „große Jahr" genannt, und der neue König durfte 19 Jahre lang regieren. Dann mußte er sterben, um einem neuen König Platz zu machen. Auch Jesus wurde in so einem Jahr (sieben Jahre vor unserer Zeitrechnung) geboren.

Halkyone war also die Königsmutter, sie gebar das göttliche Kind am selben Tag, an dem wir heute Weihnachten feiern. Der Wind schwieg, um das heilige Ereignis nicht zu stören. Es waren Tage der Ruhe und des Friedens. Diese Vorstellung haben wir von Weihnachten noch heute. Und dann geschah das große Wunder, das die Menschen von damals immer wieder von neuem entzückt und erregt hat: Im silbern glänzenden „Schiff", der waagerecht am Himmel stehenden Mondsichel, fuhr die große Göttin mit ihrem Sohn, dem neuen König, durch das Wolkenmeer, sichtbar für alle, die sehen konnten: der Beweis des sich erneuernden Lebens. Der Aufenthalt in der Unterwelt war überstanden, die dunklen Tage, Zeiten der Angst, Unsicherheit, der Tränen und des Leids, waren vorbei, das Leben kehrte wieder, schöner, strahlender denn je. Die große Göttin fährt mit ihrem jungen König, dem Sohn und Geliebten – Mutter und Sohn sind das Herrscherpaar –, im gleißenden Mondschiff durch das Wolkenmeer. In der Seele der Menschen hat sich dieses Mysterium bis in unsere Zeit erhalten: Aus dem „Wagen des Meeres", dem „car navalis", ist der Karneval entstanden, und wir jubeln noch heute eigentlich der großen Mondgöttin zu, wenn die prächtig geschmückten Karnevalswagen mit dem „Prinzenpaar" in silbernen und goldenen Gewändern, glänzende Kronen auf dem Kopf, durch die Straßen ziehen. Das große Weibliche wirkt weiter in den Seelen der Menschen, selbst wenn die Kenntnis darüber nicht mehr im Bewußtsein ist. Das tiefere Wissen um die Leben erneuernde Kraft des Mütterlichen bleibt dennoch erhalten und wird in der Freude, im Ausgelassensein, in der Faszination, ja auch in der Ekstase, die solche Karnevalsbräuche auslösen können, wieder erlebt. Jetzt werden die Tage immer länger, bald beginnen die ersten kleinen weißen Schneeglöckchen zu blühen – das Leben ist auferstanden.

Doch zunächst zieht das silberne Wolkenschiff weiter über den Himmel, wird größer und voller – zwölf Tage nach dem ersten Auftauchen der schmalen Sichel steht am 6. Januar der Mond hell glänzend in seiner ganzen runden Schönheit am Himmel. Der neue König erstrahlt in seinem Glanz, wird gekrönt und gefeiert – Fest der Erscheinung (griechisch: Epiphania) –, wir begehen es noch heute an diesem Tag, heute heißt es auch „der Tag der Heiligen Drei Könige". Damals durfte der neue König 19 Jahre lang regieren, im 13. Monat des 19. Jahres mußte er sterben, ein Unglücksmonat für ihn. Wir verbinden noch heute mit der Zahl 13 Unglück. Im schon erwähnten Märchen von Dornröschen war es die 13. Fee, die das (scheinbare) Unglück über das Kind brachte. Wieder wird deutlich, daß alte Mythen nicht einfach sang- und klanglos aus der Vorstellungswelt der Menschen verschwinden; sie halten sich viele tausend Jahre, ein Beweis für die Kraft, die in der Verbindung der Seele mit dem Göttlichen liegt. Diese Kraft mag nicht immer für jeden Menschen gleich stark spürbar sein, doch sie ist da, abrufbereit. Manchmal, vor allem in Zeiten, in denen ein Lebensabschnitt zu Ende geht und ein neuer erscheinen möchte, wird sie in der Psyche zurückgehalten. Ein negativer Komplex – alte Verwundungen, Verletzungen, unrealistische Einstellungen, Ängste, Unsicherheiten – hält sie gefangen, und der Mensch fühlt sich kraft- und hilflos, ja oft wie gelähmt, zu nichts fähig, möchte sogar am liebsten sterben. Das ist die Zeit, in der – nach alter Vorstellung – der Mond gestorben, in die Unterwelt eingegangen ist. Schwarz trauert die Nacht um ihn, dunkel ist es in der Seele des Menschen, der das Sterben des Fruchtbaren, des mütterlich Nährenden erlebt, und Todessehnsucht packt ihn. Er will auch sterben, will zurück zur Mutter Erde, er sehnt sich nach ihren bergenden Armen. So wie sie im Neumond verschwunden ist, will er ihr nach – verschwinden in ihrem dunklen Reich. Doch der Tod des menschlichen Körpers ist unwiderruflich, während der der Seele zu neuem Leben sich wandelt – wie die Mondsichel am Himmel. Mutter Mond kehrt zurück. So kommt auch die Kraft des Mütterlichen, Nährenden, Spendenden, Fruchtbarkeit Bringenden der Seele wieder. Der Mensch lebt! Er atmet auf, befreit, beglückt; er spürt, wie das silberne Schiff im Meer seiner Seele sich füllt mit Gaben, Geschenken der Großen Mutter – so wie das Kind zu Weihnachten beschenkt wird. Das Schöpferische ist wieder erwacht, wird mehr und mehr, heller, strahlender, voller denn je.

„Und das ist mein Lichtkind", sagt die Frau, nachdem sie tapfer die dunkle Nacht ihrer Seele durchgestanden hat und nun den Neuanfang eines anderen, gewandelten Abschnitts ihres Lebens erfährt. Buchstäblich „er-fährt" – im glänzenden Schiff der Mondgöttin, reich beladen mit vielen Kostbarkeiten. Nun kann sie wieder schöpferisch tätig sein, einem neuen Höhepunkt ihres Lebens zuwandern, an dem sie dann, dem strahlenden vollen Mond gleich, die heilige Hoch-Zeit erlebt, wie immer diese auch für diese Frau oder für jeden anderen Menschen aussehen mag. Es kann eine Zeit gesteigerter Aktivität und Kreativität sein, eine Zeit neuer Beziehungen, vielleicht einer neuen großen Liebe – zu einem Menschen oder auch zu etwas anderem –, einer Idee, einer Aufgabe. Natürlich wird diese Zeit nicht anhalten. Zeit wandert weiter. Der Mond wird nach dem 13. Tag wieder abnehmen, das ist das Schicksal, das ewige Auf und Ab. Aber die Gewißheit, daß es nach dem Ab wieder ein Auf geben wird, ist tröstlich. Der Mond geht ganz gewiß wieder auf. Die große Kraft des Weiblichen, der Fruchtbarkeit des Lebens, der spendenden Mutter kehrt zurück – ebenso gewiß. Immer wieder aufs neue gebiert sie ihr Kind, unermüdlich, Zyklus für Zyklus – wie wir wissen seit Millionen von Jahren. Das ist das Geheimnis der Seele, das die Menschen der alten Zeit im Wandel des Mondes entdeckt haben. Dort oben wurde das Göttliche mit dem Himmel in Verbindung gebracht, weil es da sichtbar war für die Menschen von damals. Und da sie es sehen konnten, wurde es ihnen bewußt. Trost und Dankbarkeit erfüllte sie, das Leben kehrt wieder, ein Grund zum Jubeln, Tanzen und Singen. In ekstatischer Freude wurde das Mysterium gefeiert, das neugeborene Leben, das göttliche Kind im Licht seiner Mutter.

Daß aus der Seele dieser Frau gerade jetzt das Lichtkind auftaucht, heißt, daß sie für den Lebensabschnitt, den sie zu bewältigen hat, die Kraft des Sohnes, des Männlichen braucht. Ihr Bewußtsein braucht die Energie des Unbewußten, die Fähigkeiten ihres Kindes. Nach der Transaktionsanalyse, die eine bestimmte Psychotherapie-Richtung ist, werden alle für das Leben benötigten Energien und Fähigkeiten aus dem Kind-Ich eines jeden Menschen bezogen. Dort, in der Archäo-Psyche, wie Eric Berne, der Begründer der Transaktionsanalyse, diesen Ich-Zustand bezeichnet hat, sprudelt die Quelle für alles Lebendige, Kreative, Intuitive und Emotionale. Sie ist das Energiefeld für das Spontane, den Einfallsreichtum, für alle Ideen und schöpferischen Impulse. Das Kind – in dir, in mir, in allen Menschen – ist die Kraft der Wandlung, die Kraft der Liebe, das Licht der Zukunft.

Das Schöpferische, das im Unbewußten bereitsteht und aus ihm heraus fließt, ist in der Frau die geistige, die männliche Seite, der Animus. Wird er vom Bewußtsein liebend aufgenommen – als geliebtes Kind, als Sohn-Geliebter – und ins helle Licht des Bewußtseins, ins gleißende Mondschiff gesetzt, kann die Lebensfahrt dieser und jeder Frau zu neuen Ufern weiterführen.

Kind der Liebe

Wenn es geboren wird, ist es ein Kind der Liebe. Wie es auch zustande gekommen sein mag: ein Funke vom Feuer der Liebe muß entfacht gewesen sein im Herzen der Frau, die ihr Kind zur Welt gebracht hat, sonst hätte es nicht neun Monate in ihrem Bauch wachsen können. Diese These mag gewagt sein, doch ich glaube daran, daß die Liebe eine Naturkraft ist, die sich unerschöpflich immer wieder durchsetzt, wie widrig die äußeren Umstände auch sein mögen.

Liebe ist Leben, und Leben ist nur möglich, wenn genügend Liebe vorhanden ist. Kleine Kinder sterben, wenn sie lieblos behandelt werden, und auch Erwachsene sterben – durch Krankheit oder Selbstmord –, wenn die Liebe, die sie brauchen, nicht ausreicht.

Von der Liebe zum Leben oder dem Leben kraft der Liebe handeln viele Mythen, zum Beispiel die aufregende Geschichte von Inanna und Dumuzi:

„Als Kind lag er in einem versunkenen Boot.
Und als er aufwuchs,
lag er im überschwemmten Korn.
Als Jüngling trug ihn die Flut
hinab in den unterirdischen Ozean.
Von hier wurde er später
in den Himmel getragen.“[11]

heißt es über Dumuzi, den Sohn-Geliebten der Inanna-Ischtar, der großen Göttin im alten Sumer/Akkad. Von ihr, der strahlenden, lichten Himmelskönigin, wie sie die Menschen damals im Stern, der bei uns Venus heißt, gesehen haben, heißt es:

„Mein Vater hat mir den Himmel gegeben,
er hat mir die Erde gegeben.
Die Herrin des Himmels bin ich!
Er hat mir den Himmel als Krone
aufs Haupt gesetzt,
er hat die Erde als Sandalen
an meinen Fuß gelegt.
Den leuchtenden Göttermantel
hat er mir umgetan,
das strahlende Szepter in die Hand gegeben.
Die Götter sind wie ängstliche Vögel.
Ich aber bin die Herrin.“

Ob nun Herrin aus eigenem Recht oder als Tochter des großen Vaters – auf alle Fälle ist Inanna als Himmelskönigin anerkannt worden. Alle Geschöpfe kann sie in ihren leuchtenden Mantel einschließen. Sie gebiert die Gestirne. Sie gebiert das Licht. Der Abendstern bildet ihren Thron. Wenn sie sich auf ihm niederläßt, steht sie im achtstrahligen Felde über der Mondsichel.

„Mit großem Schrecken angetan
kommt sie aus dem Inneren des Himmels“,

wissen die Menschen von ihr. Und ehrfürchtig flüstern sie einander zu:

„Aus dem Innern des Himmels hast du dir
die göttlichen Kräfte geholt."

Noch viel mehr wissen sie von ihr:

„Am Abend ist sie der fremdartige Stern,
der den heiligen Himmel
mit vollem Licht erfüllt..."

Die Männer verneigen sich, die Frauen schmücken
sich,

„der Stier im Joch hebt nach ihr den Kopf...
Die vom Himmel kommt –
alle Länder fürchten sich vor ihr:
Zur Nachtzeit sendet sie Licht aus wie der Mond,
am Mittag sendet sie Licht aus wie die Sonne.
Man führt Tänze bei ihren Festen auf,
der junge Mann freut sich der Gattin...
alle Vierfüßler unter dem weiten Himmel,
Obstpflanzung und Garten,
Beet und grünendes Röhricht,
die Fische des Teiches, die Vögel des Himmels –
alles wartet auf seine Herrin,
wo immer es des Nachts ruht." [12]

Sie ist die große Liebende – auch heute noch gilt
die Venus als Inbegriff der geschlechtlichen Liebe.
Ihr astronomisches Zeichen ♀ steht für „weiblich"
schlechthin. Bei den Griechen hieß sie Aphrodite,
die „Schaumgeborene", da sie sich nackt aus dem
Schaum des Meeres erhob und in einer Muschelschale zum Ufer der Insel Kythera fuhr. Wir erkennen sowohl in ihr als auch in Inanna oder Ischtar

71

oder Aschthoret, die Weltgebärerin Eurynome, die nackt auf den Wellen des Meeres tanzte und, vom Nordwind begattet, als Taube Iahu das erste Ei legte – aus dem zersprungenen Ei wurde die Muschelschale, das Gefährt für Aphrodite.

Dumuzi – oder mit vollem Namen: Dumizid-adzu = der treue Sohn des unterirdischen Süßwasserozeans – heißt der geliebte Sohn von Inanna. Er ist der Beherrscher des Grundwassers der Erde und damit eng mit der Vegetation verbunden. Ein Vater ist nicht bekannt. Dumuzi braucht keinen Vater, denn zu der Zeit, in der sein Mythos besungen wurde, war Vaterschaft noch unbekannt.

Dem Sohn (im Text des Mythos wird er auch „Geliebter" oder „Gemahl" genannt, seine Mutter heißt auch „Schwester", was darauf hindeutet, daß damals, als das Leben allein von der Frau, der Großen Mutter, abhängig war, die Rolle des Mannes unbestimmt blieb) war kein einfaches, ruhiges Leben beschieden. Dumuzi mußte sterben, mußte den Aufenthalt im Totenreich dulden.

Inanna klagt:

„Wehe wegen ihres Gemahls!
Wehe wegen ihres Kinds!
Wegen des Gemahls, des Gefangenen,
wegen des Kindes, des Gefangenen,
wegen ihres Mannes, des Getöteten,
wegen ihres Kindes, des Getöteten...
Über meinen Gemahl
brach das vordere Stürmen herein,
über mein Kind brach der hintere Sturm herein.
Mein Gemahl, vom Sturm der Unterwelt,
vom Herrn der Unterwelt überfallen,

kam in ihre Gewalt.
Mein Kind, vom Wehe überfallen,
ward in ihrem Hause eingeschlossen."

Alle Elemente sind losgebrochen. Sieben große
und sieben kleine Teufel überfallen Dumuzi. Sie
rauben ihm die heilige Milch, die ihn nähren soll.
Sie rauben ihm das heilige Wasser. Sie stehlen ihm
Gewand, Szepter und Krone. Sogar die Schuhe rei-
ßen sie ihm von den Füßen. Und sie triumphieren
über den Sieg Ereschkigals, der Höllenfürstin:

„Den Starken hat unser König
als seine Beute in den Käfig gesteckt!
Den Dumuzi hat unser König
als seine Beute in den Käfig gesteckt!
In den Schoß der Mutter
werden wir einen Wildstier legen.
In den Schoß seiner Gemahlin
werden wir einen Wildstier legen." [13]

Ereschkigal, die Schwester Inannas, Herrscherin
der Unterwelt, hat den Sieg davongetragen: Sie ist
die Mächtigere von beiden, Dumuzi gehört ihr, der
Tod siegt über das Leben. Schrecklich und unbarmherzig schlägt er zu – das Wasser des Lebens ver-
siegt, Trockenheit und Dürre breiten sich aus. Der
Mensch steht den Gewalten der Natur – Über-
schwemmungen, Hitzeperioden, Eis, Schnee, Ge-
witter, Feuersbrünsten und Erdbeben – ebenso entsetzt und hilflos gegenüber wie den Vorgängen in
seinem eigenen Inneren. Auch in ihm brennt das
Feuer des Fiebers, herrscht die Kälte der Ohnmacht,
tobt Wut gleich Blitz und Donner, auch ihn schüttelt

der Schmerz wie ein Erdbeben, auch er wird über-
schwemmt von Ängsten und inneren Bildern, die
ihm schreckenerregende Gestalten zeigen, ihn irre-
machen können. Ereschkigal triumphiert, ihr grau-
siges Lachen wütet im Sturm oder klingt in der Seele
des Menschen. Sie hat ihren Sohn zu sich geholt,
denn sie ist genauso die Mutter Dumuzis wie
Inanna. Die beiden Seiten, die das Schicksal eines
jeden Menschen sind, werden deutlich an diesem
Sohn. Die furchtbare Mutter tötet ihr Kind, wie die
gute Mutter es gedeihen läßt. Wieder handelt es sich
bei diesem Mythos um das große Thema der
Menschheit: Leben und Tod, Gut und Böse, Erschaf-
fen und Vernichten, Licht und Schatten.

Aber dies ist zugleich das Thema des Dritten, das
beide Seiten überbrücken, sie verbinden kann: die
Liebe.

Die Liebe als Treue über den Tod hinaus gibt dem
Sterben Sinn.

Die Liebe als Kraft, die um das Leben kämpft, gibt
dem Leben Sinn.

Die Liebe als Wohltat, die den Menschen einhüllt,
gibt dem Menschen Sinn.

Die Liebe zu Gott, die der Mensch nicht losläßt –
„Ich lasse dich nicht, du segnest mich denn" – gibt
Gott Sinn.

Inanna – Ischtar – Aphrodite – Venus: Strahlend
und hell steht sie als Morgen- oder Abendstern am
Himmel, eine Fülle des Lichts. Doch ihr gehören nur
ein drei Viertel des Jahres. Über das verbleibende
Viertel gebietet ihre Schwester Ereschkigal. Da ist
die Nacht weniger hell, und der Mensch hat Angst.
Wo ist seine schöne, lieblich leuchtende Himmelskönigin geblieben, bei deren Anblick er Freude und

Trost empfindet, denn durch ihr Dasein zeigt sie ihm, daß das Leben stärker ist als der Tod? Sollte er sich getäuscht haben? Wenn der Tod selbst die große mütterliche Göttin vernichtet, was wird dann erst aus ihm? In der Zeit ihrer Abwesenheit begreift der Mensch, daß er sterblich ist, kann er nicht umhin, sich diese Tatsache bewußt zu machen, die er doch so gerne verdrängt.

Wie beglückend ist es, abends, wenn nach getaner Arbeit der erste helle Stern am Himmel erscheint, sich dem hinzugeben, was Freude, Lachen, Fröhlichsein erzeugt. Man ißt, trinkt, tanzt, singt Lieder und erzählt sich wundersame Geschichten. Wer will da an den Tod denken, daran, daß dies alles eines Tages zu Ende ist, aus, vorbei – für immer? Das Leben ist doch so schön! Inanna, Zeichen des Lebens, zeige dich uns, damit wir nicht der Angst vor der Dunkelheit der Todesnacht ausgesetzt bleiben!

Doch Inanna ist verschwunden vom Himmelsgewölbe. Inanna, die gute Mutter, hat sich aufgemacht, den Sohn-Geliebten aus der Hölle zu befreien. Sie ruft ihm zu:

„Großer Herr!
Von dem Geschrei des Heiligtums begleitet,
wohlan, komme ich zu dir . . .
Herr, zu dir,
der mit vom Herzen gerissen wurde,
will ich mit feierlicher Stimme
ein Gebet verrichten,
zu dir, dem Kinde von Eridu,
will ich ein Gebet verrichten.
Zu dir, der du vom Starken gezeugt bist,

zu dir, dem ersten Zauberer,
will ich ein Gebet verrichten."

In der ganzen Majestät ihrer Göttlichkeit und keineswegs als die Bittende hält sie ihren Einzug in die „Steppe", in die Unterwelt. Dabei macht sie sich so schön wie am Abend vor der heiligen Hochzeit.

„Mit Puder will ich mich einreiben,
als Braut will ich zu dem Herrn gehen...
Mit meinen Edelsteinen,
welche die Künstler mit Sonnenlicht erfüllen,
stattet mich aus!
Amulette ohne Zahl kommen hinzu,
das Böse zu bannen."[14]

Sie macht sich schön für ihre große Aufgabe, denn die Schönheit gehört zu ihr, wie die Liebe zu ihr gehört. Liebe ist Schönheit, der geliebte Mensch ist immer schön. Jede Mutter, die voller Liebe ihr Kind betrachtet, zeigt das Leuchten der Schönheit in ihrem Gesicht. In den Armen des Geliebten ist jede Frau schön, in den Augen der Geliebten wird jeder Mann zum Apoll.

Das Böse hat keine Macht über die Liebe in ihrer Schönheit, deshalb geht Inanna in die Unterwelt in Gestalt einer liebenden Braut:

„Alle Himmel als Stern durchwandernd,
als Dibat-Stern,
mit großem Licht den heiligen Himmel erfüllend
steigt die Herrin,
die Heldin in allen ihren Himmeln
vom Himmel herab:

Das Land (Sumer) und die Länder
schauen auf sie,
sie erfreut den Mann, sie erfreut die Frau.
Die Rinder,
die in ihrem Joche das Angesicht beugen,
die, eingeschlossen in ihrer Hürde,
im Staube kauern,
das Kleinvieh im Pferch, die Esel,
die Lebewesen der Steppe,
alle Vierfüßler unter dem weiten Himmel.
Die Brunnen, welche die Gärten
sprießen machen
und das Röhricht zum Grünen bringen,
die Fische in den Teichen,
die Vögel des Himmels,
die in ihrem Schlafgemach auf die Göttin lauern,
sie beugen das Knie vor ihr,
die das Land mit Leben versorgt.
Die Herrin, die sie anrufen als ihre Mutter –
mit einer Menge von Speise und Trank,
womit sie ausgerüstet ist –
die Herrin wird in ihrem Lande
alles zufriedenstellen,
den Frieden zu bewirken im Lande,
am Himmel, überall!
...
Ich bin größer als die Berge –
die Herrin der Götter bin ich...
Die, welche gewaltige Berge
mit Bewässerungsanlagen bedeckt,
bin ich.
Die, welche die Verschlammung
der Kanäle abwehrt,
bin ich.

77

Des Himmels Herrin bin ich.
Der Erde Fürstin bin ich.
Die Götter übertreffe ich…"

So feiert die Göttin selbst ihre Erhabenheit, ihre Macht. Dann aber, gleich danach, folgt die Katastrophe. Und die eben noch so gewaltige Majestät muß sich beugen und gestehen:

„Der Sturm am Himmel erscholl,
das Wort des ‚großen Gottes‘,
der Sturm am Himmel erscholl.
Als er erscholl, wurde ich zu Boden geworfen.
Da er zu Uruk erscholl,
wurde ich zu Boden gerissen,
das Herz wurde gebrochen.
Der Glanz war erloschen…
Zur ‚Steppe‘ (Unterwelt)
den geraubten Bruder
hat man zu seiner ‚Steppe‘ gebracht.
Den geraubten Dumuzi
hat man zu seiner Steppe gebracht!
In den Abgrund der Unterwelt,
in die Tiefe geworfen hat man meinen starken,
den Vater des Landes.
Sie haben ihn geraubt…
Den Verkünder haben sie geraubt…
Der starken Hand der Mutter
haben sie ihn geraubt.
Deine Gebäude haben sie entweiht,
deine Fülle haben sie geraubt.
Eine überwältigende Flut,
eine überwältigende Flut
hat ihn zur Unterwelt gerissen

und ihm Vernichtung gebracht.
Das untere Land und mit ihm den Dumuzi
hat das obere Land mit seiner Flut
zunichte gemacht."

Immer neue Klagen ersinnt die unglückliche Mutter des von der Schneeschmelze und den Wasserfluten ertränkten Sohnes. Dabei findet sie so erschütternde Worte, wie sie kaum jemals ein antiker Dichter ersann. Sogar das Röhricht klagt mit ihr. Sonst war es der Lebensbringer. Wer jetzt ein Rohr an den Mund setzt und hineinbläst, vernimmt die Schreie des Rohrs, dessen schönstes Lebenswerk ohne Odem ausgelöscht liegt.

„Flötenklage!
Mein Herz sendet die Klage der Flöte zur ,Steppe'.
Ich, die Unterwerferin der Unterwelt,
die Herrin der Oberwelt,
ich, die Mutter des Herrschers,
die Herrin, die Wildkuh,
ich, die Mutter der Starken der Oberwelt,
Mutinanna.
Mein Herz sende die Klage der Flöte zur Steppe,
zu dem Ort, an dem der Starke gefesselt ist,
zu dem Orte,
wohin das Lämmchen der Ziege gegeben ist,
zu dem Gott dieser Tempelstätte,
zu dem entführten Herrn,
zu dem, der da ruft: Meine Mutter!
Willst du mich von der Unterwelt befreien
so beschenke mich." [15]

Inanna befindet sich im Totenreich. Um zu Ereschkigal, Göttin der Unterwelt, vorzudringen, die sie zur Herausgabe Dumuzis zwingen will, muß sie sieben Tore durchschreiten. Sieben Planeten zählten die Menschen damals am Himmel. Die Griechen gaben ihnen den Namen „planos" = irrend, umherschweifend. Sahen die Menschen in diesen Sternen, denen offensichtlich kein fester Platz am Firmament zustand, ihr eigenes, inneres Getriebensein, das Fliehen vor Ängsten, von Raum zu Raum umherirrend in der Hoffnung, einen Ort der Ruhe zu finden?

So muß auch Inanna, fern dem Reich, das sie beherrscht, dem Leben, der Helle, der Fruchtbarkeit, durch die finsteren Räume schreiten, die Sterbliche mit Grauen oder Wahnsinn erfüllen. An jedem dieser sieben Tore wird die große, herrliche Göttin der Schönheit, der Liebe und des Lebens zutiefst gedemütigt. Sie muß nacheinander ihre Schmuckstücke und zuletzt selbst ihre Kleider ablegen. Aus Liebe zu ihrem Sohn nimmt sie die entwürdigenden Gesetze der Unterwelt auf sich. Ohne Demut kann es keine echte Liebe geben; Stolz gehört nicht zur Liebe. Demut ist auch Mut, und Mut ist erforderlich bei dem, was diese Große Mutter tut. Ohne die Schmuckstücke, Insignien ihrer Würde und Macht, wird Inanna würde- und machtlos. Am Ende steht sie nackt vor ihrer Schwester, entblößt vor ihrer größten Feindin. Gibt es ein sprechenderes Bild für die Kraft der Liebe?

Doch auf Ereschkigal macht dies keinen Eindruck. Der Tod ist unbarmherzig, er verschlingt auch die Liebenden, nichts kann ihn bezwingen. Oder doch?

Entsetzen packt selbst Ereschkigal, als sie feststellen muß, daß ohne Dumuzi und Inanna auf der Erde alle Vegetation aufhört zu wachsen. Nichts gedeiht mehr, alles verdorrt. Die Menschen werden aussterben, der Erde droht die totale Vernichtung. Ereschkigal weiß, daß damit auch das Schicksal der Götter besiegelt ist. Wer soll die Himmlischen und Höllischen ernähren, wenn es keine Menschen mehr gibt? Jetzt weiß auch die Herrscherin des Totenreiches nicht mehr weiter. Sie schickt Boten zu Ea, dem Gott der Weisheit. Und Ea rät, Inannas Forderung zu erfüllen, sie zusammen mit Dumuzi denselben Weg, den sie gekommen ist, wieder zurückgehen zu lassen. Ereschkigal bleibt nichts anderes übrig, widerwillig läßt sie die Verhaßte ziehen.

Die Liebe hat den Tod überwunden.

Inanna hat ihren Sohn Dumuzi aus der Unterwelt befreit, wie Jahrtausende später Demeter ihre Tochter Kore aus dem Tartaros holen wird. Inannas Liebe war stärker als der Tod.

Ob es sich um Sohn oder Tochter, Bruder oder Gemahl handelt, es geht immer um die Liebe einer Frau zu dem Geliebten. Nicht nur rettet diese Liebe den geliebten Menschen, sie rettet mit ihm auch alle anderen Menschen. Denn die Vegetation stellt ihr Wachstum ein, während Inanna im Totenreich ist, und sie verdorrt ebenfalls, als Demeter trauernd und klagend ihr Mädchen, die Kore, sucht.

Im alten Syrien ist es die „göttliche Jungfrau Anath", die „Himmelsbraut", die zur Sommersonnwende ihre Vermählung mit Gott Baal feiert. Die Menschen feiern mit. Ausgelassen und fröhlich paaren sie sich, wie Oberpriesterin und Oberpriester zur Ehre des Götterpaares sich liebend umarmen.

Die Jungfrau, die ihren Körper dem Manne schenkt
– später wird man sie zur Dirne und Hure erniedri-
gen –, begeht eine heilige Handlung. Denn damals
gab es kein größeres Heiligtum als das der Fruchtbarkeit. Das Kind der göttlichen Liebe zwischen
Anath und Baal ist der Sohn Alleyn. Auch er wird
von seiner Mutter aus dem Totenreich geholt. Sie
befreit ihn aus den Klauen des Mot, Herrschers der
Unterwelt.

Am dritten Tag ist er aufgestanden von den Toten,
da steht Anath mit ihm als noch entkräftete und
schmale, aber wieder sichtbar leuchtende Mondsichel am Himmel, und die Früchte der Erde beginnen
erneut zu keimen.

In diesen Mythen ist das Schicksal der Natur
beschrieben, das aus Leben und Tod, aus Erstehen
und Vergehen, Blühen und Verwelken, Fülle und
Kargheit besteht. Doch die Mythen erzählen auch
von der Liebe – von der Liebe zur Natur, von der
Liebe zu den Menschen, von der Liebe zu dem
einen, wichtigen Menschen.

Inanna, Demeter, Isis und Anath, Aphrodite und
Venus – sechs Namen für die Göttin der Liebe, der
Großen Mutter in ihrem liebenden Aspekt. Jede
Frau ist auch dieses göttliche Weib, das mit Liebe
erfülltem Herzen sich danach sehnt, fruchtbar zu
werden. Ob diese Fruchtbarkeit ein Kind aus Fleisch
und Blut oder ein seelisch-geistiges Kind gebiert,
immer ist es gehüllt in einen Hauch von Göttlichkeit, denn heilig ist jede Frucht.

In Inanna, dem großen Stern, wird die Herrlich-
keit der Liebe besungen:

„Als in der letzten Nacht ich schimmernd glänzte
im Strahlenglanz der Himmelskönigin
und sang und leuchtend
ganz die Nacht durchdrang,
da kam er zu mir, meines Herzens Herr.
Da faßte zärtlich er nach meiner Hand
und meines Herzens Herr umarmte mich...“[16]

Auch unsere Bibel kennt diesen Zauber. Im Hohenlied heißt es:

„Ich schlafe. Aber mein Herz ist wach.
Da ist die Stimme meines Freundes,
der anklopft:
Mach mir auf, liebe Freundin, meine Schwester,
meine Taube, meine Fromme!
Denn mein Herz ist voll Tau
und meine Locken voll
von den Tropfen der Nacht“
(Hoheslied 5,2ff.).

Wenn Weibliches und Männliches sich vereinigen, die Heilige Hochzeit, den Hieros Gamos feiern, dann wird es gezeugt, das Kind, und es wird göttlich sein, weil die Liebe göttlich ist. Diese Vereinigung kann äußerlich stattfinden, sie kann aber auch innerlich geschehen, indem sich die Seelen-Prinzessin mit dem Mann oder der Seelen-Prinz mit der Frau vermählt. Auch das Kind, das daraus entsteht, das schöpferische Produkt, wird göttlich sein, weil die Vereinigung von männlich und weiblich göttlich ist.

„Als Ninurta, der große Kriegsgott, den Drachen
Kur tötet, der unter der Erdkruste die Wasser der

*Tiefe gefangenhält und damit die Entwicklung jeg-
licher Vegetation verhindert, und als Ninurta dann
auch noch die nun hervorbrechenden Fluten zu
bändigen weiß, da entbrennt die Erdmutter Nin-
chursag in Liebe zu ihm. Er schaut sie darauf ‚mit
dem Auge des Lebens' an, und sie gebiert Kräuter,
Wein, Honig und Bäume. Auch die Rinder, die
Schafe und überhaupt alle vierbeinigen Tiere werden von ihr geboren. Zuletzt bringt ihr Schoß sogar
Gold, Silber und Bronze hervor. Alles dies geschieht
aus jungfräulichem Leibe. Denn nicht die Umarmung und Zeugung durch Ninurta bringt die Fülle
dieser Wunder zustande, sondern allein ‚dem Auge
des Lebens' sind sie zu danken.“*[17]

Diesem Schöpfungs-Mythos entspricht der geistige Zeugungsakt in der Seele des Menschen. Ob es
sich um eine Frau, einen Mann handelt, immer ist
der gegengeschlechtliche Anteil im eigenen Inneren
beteiligt, wenn Neues hervorbricht. Im Auge des
Lebens, des Lichts, des Bewußtseins gebiert das Unbewußte seine Kinder. Doch nur, wenn die befruchtende Kraft der Liebe sich in die Seele ergießt.

Die befruchtende Kraft der Liebe, woher kommt
sie, wie kann sie erweckt, entwickelt werden, wenn
wir einmal voraussetzen, daß sie jedem Menschen
innewohnt, ihm auf seinen Lebensweg, wie ein Rei-
seproviant, mitgegeben wurde?

Das „Auge des Lebens“ ist für das Kind das Auge
der Mutter. Wenn es das erste Mal in seinem jungen
Leben die kleinen Äuglein aufschlägt, dann möchte
es den von Liebe erfüllten Blick seiner Mutter auf
sich gerichtet sehen. So fühlt es, daß es aufgenommen ist in die menschliche Gemeinschaft. „Der

Glanz im Auge der Mutter": das ist eine feststehende Aussage in der psychoanalytischen Theorie, und „Insider" wissen, was damit gemeint ist. Daß nämlich die gesunde psychische Entwicklung eines Kindes abhängig ist von der liebevollen Zuwendung seiner Mutter zu ihm. Wenn dieses Liebesgefühl nicht oder nur spärlich vorhanden ist, bleibt der entsprechende Gefühlsbereich im Kind unentwikkelt, er bleibt brach liegen wie ein Acker, der nicht bebaut wird. Die Vegetation kann nicht mehr gedeihen – was der Mythos von Inanna und Dumuzi sehr anschaulich darstellt. Erst wenn die Mutter sich liebend auch den Abgründen ihrer eigenen Seele und denen ihres Kindes stellt, beginnt in ihr und in ihrem Kind zu wachsen, was da wachsen möchte. Die „Abgründe" können verschiedene sein: Viele Frauen kommen nicht mit den unangenehmen Seiten ihrer Kinder zurecht – dies sind immer auch die Eigenschaften, die sie an sich selbst nicht mögen oder mit denen sie nicht gelernt haben umzugehen. Meist handelt es sich dabei um Wut, Trotz, Opposition und Widerspruchsgeist. Ein kategorisches „Nein" seitens des Kindes – ob es sich nun in Form von Nahrungsverweigerung oder heftiges Aufstampfen mit dem Fuß oder wütendem Umsichschlagen äußert – versetzt die meisten Mütter in Unsicherheit, Hilflosigkeit oder auch eigene Wut. Gelingt es ihnen nicht, angemessen auf das Kind zu reagieren – haben sie es beispielsweise geschlagen oder angebrüllt –, leiden sie hinterher unter quälenden Schuldgefühlen, die dann erneut eine unangebrachte Handlung zur Folge haben: ein circulus vitiosus, ein Kreis, der seine Dynamik aus sich selbst bezieht, ein „Teufelskreis".

„Wie komme ich da raus?" fragen die Frauen immer, die solch eine Situation schildern.

„Genau wie Inanna", könnte ich da sagen, „stell dich deiner Schwester, deiner anderen inneren Seite, Beherrscherin deines Schattenreiches. Gehe durch die sieben Räume deiner eigenen Unterwelt, lerne sie kennen und stelle dich nackt, entblößt von deinen schönen Gewändern, den leuchtenden äußeren ‚guten' Eigenschaften, vor sie, damit sie dich in deiner ganzen Erbärmlichkeit betrachten kann. Dann schau sie genau an, und du blickst in einen Spiegel und erkennst dich selbst. In diesem Augenblick bist du frei, frei für die Liebe, und du kannst mit deinem Sohn, deinem Geist-Kind, zurückkehren in das warme Sonnenlicht deines nun um sieben Räume erweiterten Bewußtseins."

Der Glanz im Auge der Mutter, das „Auge des Lebens" von Ninurta, der ja als Kriegsgott mit den aggressiven Kräften in Verbindung steht, sie sind Garant für die Erschließung der Liebesfähigkeit im Kind. Der Mann, der ein geliebtes Kind war, geliebter Sohn seiner Mutter, wird selbst ein liebender Mann sein, er wird die schöpferische Kraft der Liebe in sich selbst spüren und sie weitergeben können. Er wird sie aus seiner weiblichen Seite, seiner Anima, die seine Mutter geprägt hat, hervorquellen lassen, und er kann seine schöpferische Kraft in diesem Fall dafür verwenden, etwas zu schaffen, was ihm wichtig ist, er braucht sie nicht bei der Suche nach Mutters Liebe zu verschwenden.

Das geheimnisvolle Gefäß

Immer wieder träumt eine Frau, daß sie ein Kind gebiert – doch dieses Kind ist dann verschwunden. Nach einiger Zeit findet sie es wieder – einmal in einer Milchkanne, ein anderes Mal in einer Teekanne. Es ist stets winzig klein, doch es lebt. Immer bedrückt sie, nachdem sie es gefunden hat, die Angst, sie hätte es aus Versehen töten können, zum Beispiel dadurch, daß sie unwissentlich heißen Tee in die Kanne gegossen hätte.

Ihr ist das Traumthema insoweit verständlich, als sie sich intensiv mit der Frage auseinandersetzt, ob sie ein Kind haben möchte oder nicht. Einerseits steht sie gerade am Anfang einer interessanten beruflichen Laufbahn, andererseits hat sie das 30. Lebensjahr bereits überschritten, und wenn sie nicht nur eines, sondern vielleicht auch mehrere Kinder möchte, wird es Zeit, das erste zu bekommen. Die Träume deutet sie so, daß sie anscheinend innerlich noch nicht bereit sei für ein Kind, denn sonst würde sie es sicher nicht vernachlässigen und vergessen.

Was ihr allerdings nicht klar ist: Warum finde ich mein Kind immer in einer Kanne? Ihr fällt Mose ein, der von seiner Mutter in einem Körbchen ausgesetzt wurde. „Aber Mose drohte die Gefahr, getötet zu werden, während ich mein Kind einfach vergesse. Und eine Kanne ist kein Körbchen."

Richtig! Und trotzdem gibt es eine Verbindung zwischen beiden Motiven: dem in einem Körbchen versteckten Kind, das vor dem Tod gerettet werden soll, und dem in einem Krug ausgesetzten Kind, das anscheinend ungewollt war. – Aber zunächst zu den Geschichten, die es über beide gibt, zum Beispiel aus Indien:

Ein Hirte entdeckte an der Schwelle eines Kuhstalls einen irdenen Krug, und als er hineinblickte, sah er, daß ein Kind darinnen war. Er zog das Kind auf, und es stellte sich später heraus, daß es der Fürst einer berühmten hohen hinduistischen Dynastie war.

Aus Amerika gibt es folgende Erzählung:

„Die Schwarzfußindianer von Montana erzählen von einem jugendlichen Drachentöter Kut-o-yis, der von seinen Zieheltern entdeckt wurde, als die alten Leute einen Klumpen Büffelblut in einen Topf taten. Sofort kam aus dem Topf ein Geräusch wie von einem schreienden Kind, als ob es verletzt, verbrannt oder verbrüht würde. Sie schauten in den Kessel und sahen dort einen kleinen Knaben, und sie nahmen ihn schnell aus dem Wasser. Sie waren sehr überrascht."[18]

An dieser Geschichte verblüfft die Ähnlichkeit mit den Träumen der Frau. Beinahe wäre das Kind verbrüht worden – davor hatte sie auch Angst. Diese Angst um ihr Kind zeigt, daß es ihr nicht gleichgültig ist, geschweige denn, daß es ihr lieber gewesen wäre, es würde sterben, damit sie sich nicht mehr um es kümmern müßte. Höchstwahrscheinlich meinte das Unbewußte mit den Träumen gar nicht –

oder nicht nur – ihre Auseinandersetzung, ob sie ein Kind haben wollte oder nicht, sondern ihr eigenes inneres Kind. Diese Annahme würde die Angst erklären, denn ein totes inneres Kind wäre wirklich besorgniserregend. Vielleicht „muß" ihr Kind nach der Geburt eine Zeitlang in einer Kanne bleiben. Was wäre der Sinn für diesen merkwürdigen Aufenthalt?

Eineinhalb Jahrtausende vor Mose lebte in Babylonien König Sargon I. von Akkad. Über seine Geburt gibt es folgende alte Inschrift:

„Sargon der Alte, König von Akkad, bin ich.
Meine Mutter lebte im Gebirge.
Mein Vater war unbekannt.
Es empfing mich meine Mutter als Gottgeweihte (Tempeljungfrau),
im Verborgenen gebar sie mich.
Sie legte mich in einen Kasten von Schilfrohr,
verschloß mit Erdpech meine Tür,
legte mich in den Fluß,
so daß er mich nicht bedeckte.
Das Wasser des Flusses trug mich hinab zu Akki,
dem Wasserausgießer (im Tempel).
Akki, der Wasserausgießer,
zog mich auf als seinen Sohn.
Akki, der Wasserausgießer,
machte mich zu einem Gärtner.
Mein Beruf als Gärtner gefiel der Istar.
Sie gewann mich lieb
und machte mich zu einem Herrn
über viel Volk." [19]

Seine Mutter war offensichtlich eine jungfräuliche Priesterin und sein Vater eine Gottheit, die hier nicht näher beschrieben ist. Sargon ist also ein göttliches Kind mit allen typischen Merkmalen: Die Mutter ist Jungfrau, der Vater ein Gott, das Kind wird ausgesetzt beziehungsweise verlassen, es wächst bei Pflegeeltern auf.

Auch von Abraham wird erzählt, daß seine Mutter ihn in einer Höhle allein ließ. Sie gebar ihn dort aus Angst, daß ihr Kind getötet werden könnte, denn der damalige Herrscher ließ, ähnlich wie in der Mose-Geschichte, alle Knaben umbringen.

Was ist los mit den Müttern, die ihr Kind in eine Kanne, einen Kessel, ein Schilfkörbchen oder eine Höhle legen und es dort allein lassen? Sind es schlechte Mütter? Scheinbar ja, zumindest wären sie es, wenn es sich um gewöhnliche Kinder handelte. Doch alle Kinder, deren Geschichte des Aussetzens wir kennen, sind keine gewöhnlichen, sondern göttliche Kinder oder Helden. Und Held wird man nicht durch ganz gewöhnliche Allerwelts-Umstände. Das göttliche Kind oder der Held braucht deshalb oft zwei Elternpaare: den Erzeuger und die Gebärerin sowie die Eltern, die es aufziehen. Sowohl Krishna als auch Buddha wurden von einer Ziehmutter betreut, Mose, König Ödipus, Romulus und Remus und viele andere große Gestalten hatten Pflegeeltern. Im alten Ägypten wurden alle königlichen Kinder von extra zu dieser Aufgabe ausgewählten Ammen aufgezogen, in den meisten Märchen wachsen die Heldenkinder bei einer Stiefmutter auf. – Warum ist das so?

Wenn wir uns die Örtlichkeiten, in oder an denen die Neugeborenen ausgesetzt wurden, genauer anschauen, dann müssen wir feststellen, daß sie alle einen Bezug zum Weiblichen aufweisen. Sowohl die Kanne als auch der Kessel, die Höhle und das Körbchen sind Gefäße, die den mütterlichen Bauch beziehungsweise den Uterus nachbilden. Hier ist es rund, dunkel, warm und geborgen. Der Kessel oder die Kanne dienen zudem als Behältnis für Nahrung; im Korb trägt man Dinge, die man braucht, so wie die Mutter ihr Kind neun Monate lang trägt; in die Höhle ziehen sich viele Tiere zurück, um ihre Jungen zu gebären. Überdies galt das Schilfrohr in früher Zeit als Lebensspender. Wo Schilf wächst, ist Wasser, und Wasser bringt Fruchtbarkeit. Wenn der Wind durch das Schilf weht, daß es rauscht, vernehmen die Menschen den göttlichen Atem. Der Wind bläst das Rohr schwanger wie einst Ophion die auf den Wellen des Meeres tanzende Eurynome – sanft wiegt es sich in der Bewegung, die Atem, Leben heißt.

Später erst gibt es einen Gott, der den ersten Menschen aus Lehm schuf – er *machte* ihn, was darauf hindeutet, daß die Menschen damals das Handwerk entdeckten, während sie vordem Jäger und Sammler waren, für die das Leben einfach wuchs oder aus dem Mutterleibe geboren wurde. Doch auch dieser erste Mensch Adam (der Name bedeutet „der aus roter Erde, adamah, Gemachte") konnte nicht leben, ohne zu atmen, und so blies Gott ihm den Atem des Lebens ein.

Des Menschen Schicksal ist die Sterblichkeit. Er muß dorthin zurückkehren, woher er kam, zurück in den Schoß der Mutter Erde. Deshalb gilt alles, was diesem Schoß gleicht, auch als Ausdruck des Totenreiches: Die Urne gleicht dem Kessel, der Sarg gleicht dem Korb, die Höhle gleicht dem Grab. So hießen die unterirdischen Begräbnishöhlen der ägyptischen Könige von Theben „Syringen" (von Syrinx = Röhre). Später verfolgt der stets lüsterne Gott Pan Syrinx, die Tochter des arkadischen Flußgottes Ladon. Sie wird in ein Schilfrohr verwandelt, um nicht seine Geliebte werden zu müssen. Pan schneidet ein Stück aus diesem Rohr heraus, kerbt kleine Löcher hinein und entlockt nun seiner Flöte in sehnsuchtsvollen Lauten die Stimme der Geliebten.

In den Geschichten um das Schilfrohr, in den Überlieferungen seiner Verwendung und Verehrung erkennen wir das Mysterium des großen Weiblichen wieder, das Geheimnis um Leben und Tod, dessen Symbol die Große Mutter ist. Sie ist es auch in Gestalt der cista mystica, der heiligen Kiste, die schon lange vor Noah den sumerischen Ut-na-pisch-tim vor der Sintflut rettet:

> *„Rohrhütte! Rohrhütte! Wand! Wand!*
> *Rohrhütte, höre! Wand, vernimm!*
> *Mann aus Schurippak, Sohn des Ubara-tutu,*
> *reiß nieder das Haus, baue ein Schiff,*
> *laß fahren Reichtum, suche das Leben,*
> *verachte Hab und Gut, rette das Leben,*
> *führe allerlei Lebewesen in das Schiff!"*[20]

Dies ist das Geheimnis der ausgesetzten Kinder: Sie sollen nicht vernichtet, sondern gerettet werden. Ihre Rettung liegt jedoch nicht im Vermögen der leiblichen Mutter – eine Mutter reicht nicht für ein Heldenkind. Pflegeeltern, die oft Hirten sind, einer „natürlichen" oder religiösen Beschäftigung nachgehen, werden vom Schicksal ausersehen, diese besonderen Kinder aufzuziehen. Auch hier können wir wieder den Bezug zur Natur, zum „guten Hirten" des mütterlichen Bereichs feststellen. Und darüber hinaus bedarf das Kind, das für Großes bestimmt ist, einer zweiten Geburt aus dem geheimnisvollen Gefäß, dem Heiligtum der Großen Mutter, in dem es mit den außergewöhnlichen Fähigkeiten und Kräften versehen wird, die es braucht, um seine schwierigen Aufgaben erfüllen zu können.

Abraham hätte sicher nicht die Erkenntnis über seinen Gott erlangt, wäre er, von seinen Eltern behütet, in einem normalen Kinderzimmer aufgewachsen. Das Kind muß mit dem Lebenshauch der Muttergöttin versehen werden, oder es muß zunächst noch einmal zurück ins Wasser, das Fruchtbarkeit bedeutet, wie Mose, dessen Name „der aus dem Wasser Gezogene" (hebräisch: Moscheh = maschah = herausziehen) heißt. Das Taufen in oder mit geheiligtem Wasser, um den Namen der Gottheit zu tragen, der man verpflichtet ist, kennen wir noch heute.

Soll denn nun das Kind in den Träumen der Frau, das sie „vergißt" und das vom Unbewußten dem runden Bauch eines geheimnisvollen Gefäßes anvertraut wird, ein Heldenkind werden? So einfach ist das nicht zu verstehen. Vielleicht verlangt das Selbst aber heldenhafte Taten von der Frau, Anstrengungen, die über ihre vermeintlichen Kräfte hinausgehen. Oder die Träume sagen: Vertraue auf die Lebensspenderin, die gute Große Mutter, die dafür sorgt, daß dein Kind nicht stirbt, während du noch nicht in der Lage bist, allein für es zu sorgen. Und das Traum-Kind bedeutet: neues Leben, das wachsen will; Möglichkeiten der Zukunft, die lebendig werden wollen; Kräfte, die von Tag zu Tag stärker ihre Handlungen bestimmen. So gesehen, wäre die Botschaft des Unbewußten eine tröstliche. Und wenn die Frau sie, wissend, daß sie in guter Verbindung mit dem großen Weiblichen steht, annimmt, wird ihr Kind sicher eines Tages groß und stark sein, vielleicht sogar wirklich ein Held werden.

Die Träumerin weiß jetzt aber auch, woran es ihr mangelt, nämlich an Mütterlichkeit. In der Terminologie der Transaktionsanalyse heißt das, sie hat ihr nährendes Eltern-Ich zu gering entwickelt, oder sie nimmt das an und für sich gut vorhandene Potential ihres Eltern-Ich nur ungenügend für sich in Anspruch. Sie kann jetzt also ganz bewußt darangehen, diesen Mangel aufzufüllen, zum Beispiel indem sie sich immer wieder – in allen möglichen Alltagssituationen – klarmacht, wie sie mit sich selbst umgeht, ob sie sich viel verbietet und wenig erlaubt, ob sie sich innerlich oft tadelt, an sich herumnörgelt, oder ob sie sich auch einmal tröstet und Mut zuspricht. Wenn sie ihren Umgang mit sich selbst erkannt hat, dann kann sie auch ganz bewußt entsprechende Änderungen vornehmen.

In den Träumen der Frau ist nichts darüber gesagt, ob das ausgesetzte Kind ein Junge oder ein Mädchen ist. In den meisten Mythen gleichen Inhalts handelt es sich um männliche Kinder. Wir können deshalb die Mythen vom ausgesetzten Kind noch unter einem anderen Aspekt betrachten:

Es geht hier offensichtlich auch um die Angst des Mannes vor dem jungen Rivalen. Der junge Held mit seinen Eroberungsabsichten bedroht den alten Herrscher; der Konflikt Vater – Sohn wird an diesen

Geschichten deutlich. Der alte Herrscher, der Vater, weiß um die Bedrohung durch den Jungen und läßt ihn aussetzen oder ordnet vorsichtshalber an, daß alle neugeborenen Knaben getötet werden sollen, wie zur Zeit Moses und Abrahams. Der Rivale existiert nicht mehr, der Alte ist beruhigt. Doch die Mutter spielt dieses Spiel nur scheinbar mit. Sie übergibt ihren Sohn ihrer Verbündeten, der großen Mutter Natur. Sie weiß um deren Macht, die größer ist als die des männlichen Herrschers. Sie weiß, daß ihr Kind nicht vernichtet wird. Die große Göttin nimmt es schützend in ihren nährenden Raum.

In den Erzählungen über das ausgesetzte Kind erschließt sich demnach die ganze Dynamik der spannungsgeladenen Vater-Sohn-Beziehung. Wer ist der Stärkere, wer der Bessere, wer der Mächtigere? Darf der Sohn studieren, wenn der Vater selbst das Abitur nicht schaffte? Laut sagt der Vater sicher: „Ja, er soll studieren, er soll es einmal besser haben als ich, soll erfolgreicher sein." Doch sein Inneres signalisiert dem Sohn oft das Gegenteil, auch wenn es dem Vater nicht bewußt ist. Denn im Erfolg des Sohnes wird ihm sein eigenes Versagen deutlich, wird er schmerzhaft mit nicht erfüllten Hoffnungen und Erwartungen konfrontiert. Der sensible Sohn spürt das. Manchmal wird er trotzdem seinen Erfolgsweg gehen, aber sein Leben lang die Schuldgefühle dem Vater gegenüber nicht loswerden. Manchmal wird er kapitulieren, ob aus Liebe zum Vater oder aus Liebe zu sich, um sich nicht mit den unerträglichen Schuldgefühlen zu belasten, und sich mit einem weniger anspruchsvollen Beruf begnügen.

Schuldgefühle hat er sowieso, der Sohn, liebt er

doch die Frau, die seinem Vater gehört. Die Liebe
zur Mutter ist für den Mann immer die Liebe zum
anderen Geschlecht, ist demnach eine – sogenannte
– geschlechtliche Liebe. Das Mädchen kann seine
Mutter so heiß und innig lieben, wie es will, daran ist
nichts Verwerfliches, handelt es sich doch um dasselbe Geschlecht. Die Liebe des Mannes zur Mutter
dagegen wird durch das Inzest-Verbot beeinflußt
und belastet. Diese, ihm in seinen ersten Lebenswo-
chen und -monaten die höchste Lust und Wonne
spendende Frau ist fortan tabu für ihn: Das kann der
Mann in den tiefsten Schichten seiner Seele nie
verstehen. Zuerst verführt ihn diese Frau, indem sie
ihn streichelt und kost, ihm ihre köstlich warme
Milch zu trinken gibt, ihn wärmt an ihrem Leib, ihn
wiegt und ihm wunderschöne Lieder singt, ihm alle
körperlichen Gelüste befriedigt, ihm die satte,
warme Entspannung, die Seligkeit seiner körperlichen und seelischen Bedürfnisse schenkt – und
dann, wenn er soweit ist, all das auch aktiv selber
mitzugestalten, das, was sie ihn durch ihre Liebe
gelehrt hat, nun selbst zu vollziehen, entzieht sie
sich ihm, wird sie unerreichbar für ihn, tabu. Ver-
ständnislosigkeit, Wut und Haß über dieses wider-
sinnige Geschehen wallen auf im Herzen des Mannes und lassen ihn zum gefährlichen Feind werden –
sowohl des Vaters als auch der Mutter. Nicht seiner
leiblichen Mutter, die liebt er. Doch alle anderen
Frauen haßt er anstelle der Mutter. So kann er seine
Mutter, die einzige, der seine ganze Sehnsucht gilt,
weiter lieben und sich trotzdem rächen – an der
Frau schlechthin. Er verachtet sie, schimpft sie
Hure und trachtet danach, nun sie zu demütigen,
wie sie ihn gedemütigt hat, zu verletzen, wie sie ihn

verletzt hat. Mit seiner ganzen aggressiven und sexuellen Kraft penetriert er sie, vergewaltigt er sie, tötet sie auch. Er unterdrückt und erniedrigt sie. Er zettelt Kriege an, stürzt sich in Abenteuer – sein Leben ist sowieso sinnlos geworden für ihn. Für ihn zählt nur noch eines: Rache! Da ist es wohl besser, wenn das Kind ausgesetzt wird. Dieses ganze Geschehen spielt sich natürlich unbewußt im Menschen ab, wie so vieles, von dem unser Bewußtsein nichts weiß. Doch in Träumen und Phantasien und auch in dem, was sich auf der Kollektivebene abspielt, die Unterdrückung und Abwertung der Frau durch den Mann, wird sichtbar, womit der einzelne tief in seinem Inneren kämpft und woran er leidet.

Die Ambivalenz der Mutter wird nirgends deutlicher als hier: Sie liebt und sie fürchtet ihren Sohn. Ihre Liebe vertraut ihn der großen Mutter Natur an, ihre Furcht bewirkt, daß sie nicht bei ihrem Kind bleibt, sondern es verläßt. Mit dem Verlassen entzieht sie sich auch der ganzen Problematik einer Beziehung. Das Sich-Einlassen in eine Beziehung – gleich welcher Art und zu welchen Menschen – bedeutet immer Risiko. Es lauert die Gefahr der Enttäuschung, des Schmerzes, der Verzweiflung. Auch Ärger und Wut können auftreten, Forderungen und Ansprüche erhoben werden. Natürlich gibt es auch schöne, freudige und beglückende Momente, es kann alles mögliche geschehen in Beziehungen. Die ganze breite Gefühlsskala eines Menschen ist – zumindest in sehr nahen Beziehungen – immer zugleich beteiligt. Und wenn eine Beziehung einmal besteht, wird es niemals sein, als bestünde sie nicht. Selbst wenn man auseinandergeht, sich trennt, auch nie mehr etwas voneinander hört, die Erlebnisse, die Erinnerungen bleiben. Viele Menschen haben deshalb Angst, sich auf andere näher einzulassen, wollen sich gar nicht erst auf das Beziehungs-Glatteis begeben, haben Angst vor Bindungen jedwelcher Art. Durch den heute üblichen Ausdruck „Beziehungs-Kiste", der die Einengung in einer Beziehung verdeutlicht, scheint diese Angst hindurch.

Eltern, die ein Kind bekommen, haben es ein Leben lang, auch wenn das Kind selbst ein Elternteil geworden ist. Was diesen Menschen betrifft, geht sie immer auch etwas an. Er ist ein Stück von ihnen, und nie läßt sie sein Schicksal gleichgültig. Das kann ein Leben lang Kummer und Sorgen bedeuten, es kann auch viel Freude sein. Aber vor Kummer und Sorgen scheuen wir uns, und dies mag ein Motiv dafür sein, daß auch heute Kinder „ausgesetzt" werden. Sie wandern in Heime oder zu Pflege- und Adoptiveltern. Je eher man so ein kleines Wesen fortgibt, wenn man es schon nicht gleich abtreibt, desto weniger hat man sich an es gebunden, desto weniger gemeinsame Erlebnisse gibt es, die immer irgendwie verbindlich sind. Der Vater braucht den Rivalen nicht zu fürchten oder die Verlockung, sich in die eigene Tochter zu verlieben; der Mutter bleiben Vorwürfe und Anklagen erspart. Überdies muß man nicht seine wertvolle Kraft oder das ohnehin zu knappe Geld für diesen neuen Menschen einsetzen.

Es ist jungen Menschen gar nicht zu verübeln, wenn sie so denken oder unbewußt so handeln. Sie reagieren in solchen Fällen ja aus ihrer eigenen Problematik heraus, fühlen sich den – wirklich hohen! – Anforderungen der Elternschaft oder überhaupt einer Beziehung nicht gewachsen. Die Beziehungsfähigkeit und die entsprechende Belastbarkeit eines Menschen hängen eben von den Erfahrungen ab, die er im Laufe seines Lebens auf diesem Gebiet gemacht hat, vor allem von den Erfahrungen seiner frühen Kindheit. Wer selbst ein vernachlässigtes Kind war und später nichts erleben durfte, das den frühen Mangel ausgleicht, wird sich im Kontakt mit anderen Menschen oft überfordert fühlen und nur bedingt fähig oder bereit sein, selbst Liebe zu geben. Was diese Menschen zuerst einmal brauchen, ist zu erfahren, wie es sich anfühlt, geliebt zu werden. Und wenn kein anderer Mensch bereit ist, ihnen diese Erfahrung zu vermitteln, dann müssen sie lernen, sich selbst zu lieben. In psychotherapeutischen Behandlungen geht es meist in erster Linie darum. Gerade in der Behandlung mit dem Konzept der Transaktionsanalyse ist es sehr leicht, dem Klienten bewußt zu machen, wie er mit seinem eigenen inneren Kind umgeht, und ihn lernen und üben zu lassen, wie er seinen inneren kleinen Jungen oder das kleine Mädchen selbst beeltern kann. Zum Beispiel, indem er sein liebebedürftiges Kind in der Phantasie ganz einfach in den Arm nimmt. Ich habe das „geheimnisvolle Gefäß" in Form einer alten Wiege in meinem Behandlungsraum stehen. Darin liegt eine Stoffpuppe, die so groß ist wie ein Säugling. Und manchmal, wenn es vom Prozeß des Klienten her angezeigt ist, lege ich diese Puppe in seine Arme, lasse ihn spüren, wie es sich anfühlt, das kleine, hilfsbedürftige Wesen so ganz fest an sich zu drücken. Die Wirkung ist dabei meist erstaunlich. In solchen Augenblicken bricht zunächst der ganze Schmerz der Enttäuschung über das, was der Klient nie selbst erhalten hat, heraus, und dann, nachdem der Schmerz verebbt ist, folgt unmittelbar *immer* das Gefühl der Liebe für dieses vernachlässigte Kind und die Bereitschaft, sich seiner anzunehmen. Für mich sind dies stets neue Beweise für das Vorhandensein der Liebesfähigkeit und der instinktiven Mütterlichkeit, die in den tiefen Schichten der Psyche enthalten sind – auch der männlichen Seele.

So ist jeder Mensch in der Lage, sein bislang ausgesetztes Kind in seinen eigenen mütterlichen Raum, seine „Kanne", das heißt in seine Arme zu nehmen und es noch nachträglich zu nähren, bis es so groß und stark geworden ist, daß es die Taten vollbringen kann, die ein Prinz oder eine Prinzessin eben vollbringen.

Voll des Gottes sein

Aber auch dem nicht verlassenen oder ausgesetzten Kind ist nicht garantiert, daß es ohne
Schwierigkeiten in sein Erwachsenenleben hinein-
wächst. Selbst Götterkindern ist das nicht immer
gestattet. Im Gegenteil, je mehr Bedeutung ein
Wesen – ob Gott oder Mensch – erhält, desto gefähr-
deter ist seine Existenz. Es ist, als ob es sich für
seine große Aufgabe erst bewähren müßte nach dem
Motto: Was mich nicht umbringt, das macht mich
stark. Das Heldenkind braucht eine besondere Aus-
rüstung. Dazu gibt es Beispiele in vielen Märchen.
Aschenputtel hat Verbindung mit der toten Mutter,
die ihm die schönen Kleider schickt, in denen es
zum Ball des Königs gehen kann; der treue Johannes
versteht die Sprache der Tiere; Rapunzel holt mit
ihrem langen Haar den Königssohn zu sich herauf.
Diese Ausstattung kann allerdings auch verhängnis-
voll sein wie im Falle Rapunzels, denn nachdem die
Hexe das Liebespaar entdeckt hat, beginnt Rapunzels Leidensweg. Die besonderen Fähigkeiten, die
man von einem gütigen Schicksal geschenkt bekam,
können einem eben nur zum Vorteil gereichen,
wenn man wissend und überlegend mit ihnen umgeht.

Immer wieder ist das Heldenkind der Märchen
Gefährdungen ausgesetzt, die es dann aber doch –

unter Mühen und Anstrengungen zwar – überwindet und dadurch den beglückenden Lohn, den Prinzen, die Prinzessin, das Gold, erhält.

Ein früh gefährdetes Kind war auch Dionysos, einer der großen Götter Griechenlands:

Zeus, der liebestolle Gott, hatte wieder einmal eine Affäre, dieses Mal mit Semele (Mond, Tochter des Königs Kadmos von Theben). Im 6. Monat ihrer Schwangerschaft verlangte Semele von Zeus, daß er sich in seiner wahren, seiner Göttergestalt ihr zeigen solle, denn er hatte sich ihr als Sterblicher genähert. Zeus schlug ihr diese Bitte ab, und sie verweigerte ihm daraufhin trotzig ihr Lager. Das ließ sich der gewaltige Gott natürlich nicht gefallen, und er erschien ihr voller Zorn als Donner und Blitz und verbrannte sie. Doch Hermes rettete das Sechs-Monats-Kind: Er nähte es in den Schenkel des Zeus, in dem es ausreifte. Nach drei Monaten gebar Zeus den Dionysos, was der „Zweimalgeborene" oder „das Kind der doppelten Tür" bedeutet.

Dionysos ist durch diese zweite Geburt aus seinem göttlichen Vater unsterblich geworden. Die Sehnsucht des Menschen, den Tod zu überwinden, wird an diesem Mythos deutlich. Dionysos wird Gott des Weines, der berauschenden, Vergessen machenden Getränke (in anderen Erzählungen wird er auch Sohn der „Leta" = Vergeßlichkeit genannt), Gott der Orgien, wilden Feste, bei denen sich die Menschen dem Trug hingeben, daß der Tod doch nicht endgültig sei. Wein oder Drogen, die man damals aus der Pflanze Ephedra vulgaris oder dem aus Indien stammenden Soma herstellte, ließen die Menschen in einen totenähnlichen Schlaf fallen, aus dem sie jedoch wieder erwachten. Da ihrer Ansicht nach die

Götter ebenfalls durch den Genuß dieser Getränke ihre besonderen Fähigkeiten und Unsterblichkeit erlangten, wurden die Feste zu Ehren des Dionysos zu Mysterien des Lebens. Die Eingeweihten wußten, daß ihr Tod nicht endgültig sei, daß es für sie eine Wiedergeburt geben werde, daß ihre Seelen unsterblich waren.

Zu einem Unsterblichen wollte Demeter den Knaben Demophoon „läutern". Als Demeter, untröstlich über den Raub ihrer Tochter Kore, sich auf den Weg machte, diese zu suchen, kam sie am zehnten Tag ihrer Wanderung unerkannt nach Eleusis. König Keleos und seine Frau Metaneira nahmen sie auf und boten ihr an, Amme für ihren Sohn Demophoon zu sein. Eines Nachts sah Metaneira, wie Demeter den kleinen Demophoon über das offene Feuer des Herdes hielt und ihn wie einen Spießbraten drehte. Metaneira schrie erschreckt auf, und Demeter mußte ihr Vorhaben, Demophoon unsterblich zu machen, aufgeben.

Gefährdet war Demophoon nur in den Augen seiner sterblichen Eltern. Die göttliche Amme wußte es besser, und auch Demophoon selbst schien gespürt zu haben, daß Demeter ihn zu einem Götterkind machen wollte. Der kurzsichtige menschliche Verstand verhindert auch heute noch – oder heute mehr denn je? – göttliche Einflüsse, die dem Leben des Sterblichen einen Glanz verleihen könnten, den es ohne die Ammendienste der göttlichen Frau nie erhält. Wie viele Menschen, die sich plagen mit den Mühen des Alltags oder unglücklich und verzweifelt sind, träumen von einer guten Fee, die kommen und ihnen helfen möge. Und sie übersehen dabei, daß sie diese göttliche Fee bereits in sich tragen, daß in jedem Menschen kraft des Archetyps, den die Große Mutter personifiziert, Demeters Weisheit schlummert. Jeder kann für sich die Gabe der Demeter in Anspruch nehmen, durch das Feuer des Leids geläutert, mit Kräften, die ihm vorher als übermenschlich schienen, sein Leben zu meistern. Das gefährdete Kind ist also das auserwählte Kind, ihm gebührt die ganze Aufmerksamkeit.

Im Traum eines Mannes, der vor einer sehr wichtigen Lebensentscheidung steht, stellt sich sein gefährdetes Kind folgendermaßen dar:

Er sitzt an seinem Arbeitsplatz im Büro. Auf der anderen Seite des Schreibtisches steht ein Kinderwagen. Er geht hinüber und sieht, daß ein Kind im Wagen liegt, allerdings vollkommen unter Wasser. Über das Kind ist außerdem ein Gitter gespannt, so daß es dem Mann nicht möglich ist, es schnellstens herauszunehmen. Das Kind lebt, es schaut ihn an und lächelt.

Der Mann war sehr betroffen über diesen Traum. Seine Stimme zitterte ein wenig, als er sagte: „Daß es dennoch lebt, das Kind, rührt mich sehr."

Er hat sein inneres Kind in letzter Zeit recht vernachlässigt. Das heißt, er hat sich kaum Zeit für seine „kindlichen" Bedürfnisse gegönnt, ja hat sie überhaupt nicht zur Kenntnis genommen. Jetzt fällt ihm ein, daß er schon lange wieder einmal so richtig faul sein möchte, einfach nichts tun, sich Sonntag aufs Sofa oder in die Sonne legen, ohne dies mit etwas Nützlichem zu verbinden, zum Beispiel dabei ein Fachbuch zu lesen. Er hat auch das Bedürfnis, sich verwöhnen und versorgen zu lassen, wie es eben normal ist für einen Säugling. Solche Wünsche hat er sich noch nie bewußt gemacht. Wenn er ansatzweise davon etwas spürte, wehrte er sie ab mit inneren Verboten wie: „So ein Quatsch! Verhalte dich wie ein erwachsener Mann!" Das ist auch richtig. Er ist schließlich erwachsen und kann sich nicht wie ein Säugling hinlegen und warten, daß eine gute Mutter ihn versorgt.

Trotzdem ist es wichtig, entsprechende Bedürfnisse zur Kenntnis zu nehmen und sie nicht in „vernünftigen" Gegenargumenten zu ersäufen. Man kann eben nur mit dem, was einem bewußt ist, umgehen. Alles Unbewußte hat seine eigene Dynamik, ist nicht mit dem Bewußtsein zu steuern und kann deshalb auch gefährlich werden. Zum Glück versteht das Unbewußte, uns die Inhalte mitzuteilen, die gerade für den augenblicklichen Lebensabschnitt wichtig und entscheidend sind. Das kann durch Träume, spontan gemalte Bilder, durch Phantasien oder Krankheitssymptome geschehen. Dieser Traum sagt: „Schau her, du gefährdest dein Kind – sogar doppelt: durch das Wasser und das Gitter." Da die Traumsituation sich am Arbeitsplatz abspielt, hat dieser Bereich auch einen besonderen Stellenwert. Ein Kind im Kinderwagen gehört nicht in ein Büro – hier sind also auch die kindlichen Bedürfnisse fehl am Platz.

Das kleine Kind im Traum weist aber auch auf neue Möglichkeiten hin, die entwickelt werden wollen. Mit jedem Kind kommen ja viele Anlagen, Fähigkeiten, kreative Kräfte auf die Welt beziehungsweise in das Bewußtsein des einzelnen, der ein Kind träumt. Neue Ideen oder spielerisches Ausprobieren von anderen Vorgehensweisen als den bisherigen können auch im Büro von Vorteil sein. Doch wenn man an diese Potenzen nicht herankommt, weil ein Gitter darübergespannt oder das Kind durch Ertrinken gefährdet ist, nützen sie nichts. Zum Glück scheint es ein sehr robustes Kind zu sein, das eigentlich Unmögliches aushält und dabei noch lächelt. Dieser Mann mutet also seinem Kind viel zu. Vielleicht ahnt er, daß es ein besonderes Kind ist, das da in ihm schlummert, ein göttliches Kind, das jeder in sich trägt, eines, das um das Geheimnis des Lebens weiß. Es birgt ein Wissen in sich über die Widerstandsfähigkeit neuen Lebens. Das, was wirklich wichtig und notwendig ist für die Weiterentwicklung – sei es die des einzelnen, der Menschheit, der Natur oder des Geistes –, wird sich durchsetzen. Auch dies ist ein Mysterium des göttlichen Kindes.

Wenn wir einmal von der Aussage des Traumes über das Kind im allgemeinen, also das Kind ohne Geschlechtsangabe, absehen und annehmen, daß ein kleines Mädchen im Kinderwagen gelegen hätte – wie wäre dann dieser Traum zu verstehen?

Die weibliche Seite des Mannes, die Anima, die als schöpferische Kraft die Gefühlswelt und die Beziehungsfähigkeit bestimmt, wird hier vom Unbewußten als klein und unter Wasser liegend dargestellt. In diesem Fall können wir das Wasser nicht wie sonst oft als Symbol für das Unbewußte verstehen, denn dies ist Wasser, das sich nicht an seinem natürlichen Ort, dem See oder dem Meer, befindet. Wasser gehört nicht in den Kinderwagen. Es muß also durch Menschenhand dort hineingegossen worden sein (der Wagen steht ja im Büro, es kann also auch nicht hineingeregnet haben). Unterdrückt der Mann – ohne daß ihm das bewußt ist – seine weibliche Seite, setzt er sie unter Wasser, gießt er sie zu? Was für ein

Wasser ist das? Sind es vielleicht seine nicht geweinten Tränen? Ein Kinderwagen voller Tränen hieße ein ganzes langes Kinderjahr voller Schmerz und Leid. Was hat dieser Mann im ersten Jahr seines Lebens erfahren, daß seine junge, zarte Gefühlsseite jetzt noch hinter Gittern eingesperrt liegt, er noch gar nicht unmittelbar an sie herankommen kann?

An das erste Jahr unseres Lebens haben wir meist keine Erinnerung. Hier können wir nur spekulieren. Aber wir wissen, daß das Kind in dieser Zeit sehr hilflos auf die Erwachsenen angewiesen ist. Es kann sich noch nicht selbst versorgen, muß gefüttert, gewickelt, gewaschen und auch unterhalten werden. Und es braucht, das ist für seine seelische Entwicklung ganz besonders wichtig, sehr viel Zuwendung, Liebe, Zärtlichkeit. Es muß immer wieder gestreichelt werden, nicht nur durch liebevolle Berührung, sondern auch mit wohltuenden Worten, angenehmen Düften (am angenehmsten ist der Geruch der mütterlichen Haut) und schönen Bildern – das schönste ist natürlich das zärtlich lächelnde Gesicht der Mutter. Alle seine Sinne brauchen es, gestreichelt zu werden, damit sie sich zu ihrer vollen Intensität entwickeln können, sonst ist dieser Bereich – der sinnliche – gefährdet, droht zu verkümmern oder in Tränen zu ertrinken. Die Anima ist auch die Sinnlichkeit im Mann, das Animalische. War die Mutter des Träumers nicht in der Lage, diesem Bereich seiner Persönlichkeit die nötige Entwicklungshilfe zu geben?

Dionysos hatte das Glück, einen Vater zu haben, der sehr an ihm interessiert war, sonst hätte er ihn nicht in seinen göttlichen Schenkel einnähen lassen und ihn ausgetragen, das heißt, er hat ihm die

Entwicklung ermöglicht, die der Kleine brauchte, um lebensfähig zu sein. Zeus war ja sonst kein sehr fürsorglicher oder gar aufopfernder Gott-Vater – mit seinen anderen Kindern ist er nicht gerade zimperlich gewesen, ganz zu schweigen von seinen rohen Gewohnheiten, mit Frauen und den Müttern seiner Kinder umzugehen. Ihm muß also besonders viel an Dionysos gelegen haben, das heißt, das Dionysische ist eine wesentliche Seite der menschlichen Persönlichkeit, die nicht verlorengehen durfte und darf. Warum ist Dionysos so wichtig, gerade für Menschen unseres Zeitalters?

Die Entfaltung der vollen Sinnlichkeit im Menschen bewirkt mehr als nur die Freude am Genuß. Sich Dionysos hingeben heißt auch „ganz aus sich herausgehen", und das bedeutet Ekstase. Dionysos in sich haben, „voll des Gottes sein" heißt Enthusiasmus, und beides brauchen wir, um in eine nahe Beziehung zur Natur und zu Gott, zum Natürlichen und zum Göttlichen treten zu können. „Voll des Gottes" können wir uns auch Gott nähern, ohne zu verbrennen. Semele wollte mit ihrem Begehren, Zeus in seiner göttlichen Gestalt zu sehen, ihren Willen durchsetzen, etwas willentlich erreichen, und mußte daran sterben. Eine Meinung durchzusetzen oder zu beharren auf „das muß jetzt sein", „ich will das so", heißt nicht „voll des Gottes sein" oder sich Gott hingeben. Das geht nur, wenn man den Willen dabei ausschaltet – der Genuß von Alkohol oder Drogen erleichtert diesen Akt, deshalb ist ja Dionysos Gott des Weines. Es ist aber etwas anderes, den vergorenen Saft der süßen, von der Sonne gereiften Trauben zu genießen und sich wohl und angenehm zu fühlen, leicht und voll Gefühl für alles

Schöne und Göttliche zu sein, als hemmungslos alkoholische Getränke zu konsumieren oder gar drogenabhängig zu werden. Mit Meditation beispielsweise kann man dieselbe Wirkung noch sehr viel intensiver erreichen – und sie ist nicht gesundheitsschädlich. Denn es geht bei der Ekstase oder dem Enthusiasmus nicht darum, Sorgen und Schmerzen zu vergessen, sie auszuschalten, wozu Alkohol, Drogen und Tabletten meist benutzt werden. Ganz im Gegenteil, es geht darum, Sorgen und Schmerzen anzunehmen und damit frei zu werden, die ganze Tiefe der Gefühle und Empfindungen zu spüren und darin aufgehen zu können. Wobei „aufgehen" heißt: das Gewollte, Gemachte, Krampfhafte, Unnatürliche, nur Rationale und Intellektuelle, das, was wir heute als „verkopft" bezeichnen, eine Zeitlang aufzugeben, um den Reichtum der Gefühls- und Instinktinhalte der Seele aufsteigen zu lassen, „voll des Gottes" zu werden. Das wäre das kleine Mädchen des Träumers, das durch das Gitter seiner Ratio aber noch nicht „aus sich heraus" darf. Dieser Mann gestattet sich wirklich nicht, einmal so ganz „ausgelassen" zu sein, ganz natürlich „aus sich herauszugehen". Er kann aber hoffen, denn sein Kind lebt noch, er kann es befreien, wenn er will. Dieses Wollen ist wiederum ein anderes als das, welches ich oben beschrieben habe. Dieses Wollen heißt: „Ich habe mir bewußt gemacht, was gut und was förderlich, was schlecht und hinderlich für mich ist, und ich bin bereit, den nun erkannten Weg zu gehen." Das ist anders als das trotzige Auftrumpfen: „Ich will aber."

Den Weg der Ekstase und des Enthusiasmus zu gehen heißt auch, schöpferisch zu sein, denn das

Schöpferische kann nur wirksam werden in einem Menschen, der aus sich herausgeht, der bereit ist, sich zu verausgaben. Wer nicht „entheos", gotterfüllt, gottbegeistert ist, dessen Geist wird sich auch nicht in schöpferisches Wirken ergießen, er wird kühl bis eisig vom Intellekt beherrscht, kann viel Wissen ansammeln und auch weitergeben, aber das Feuer der Be-geisterung wird nicht aus ihm leuchten und die Menschen in seiner Umgebung erwärmen. Demeter gefährdet scheinbar Demophoon, indem sie ihn im Feuer „läutert" – scheinbar, denn in Wirklichkeit hält sie, die göttliche Frau, die dreifache Mond- und Vegetationsgöttin, ihn ins Feuer des Geistes, sie umgibt ihn mit dem Geist des Göttlichen, mit Enthusiasmus.

Wir brauchen alle Dionysos in uns, sonst werden wir trocken, leer, kalt oder krank. Wir können Dionysos auch ohne Drogen lebendig werden lassen. Diese Seite unserer Persönlichkeit können wir retten, indem wir üben (nichts anderes bedeutet meditare, Meditation), das Schöne, Wesentliche zu sehen. Wir brauchen nur hinauszugehen in die Natur, dem Gesang der Vögel im Wald zu lauschen, zu erleben, wie die Sonne am Rande eines Kornfeldes untergeht, oder Eurynome, „Weites Wandern", zuzuschauen, wie sie des Nachts als silbern glänzende Mondsichel, den jungen König im Arm, durch das Wolkenmeer fährt. Und wir werden „voll des Gottes" sein, erfüllt mit Geist und Liebe.

Der Leidensweg

Erwachsene Menschen, die sich sehr vorsichtig oder auch mißtrauisch, zurückhaltend und distanziert zeigen, waren in ihrer früheren Kindheit, oder auch schon in ihrer Embryonalzeit, wahrscheinlich – gleich Dionysos – Gefährdungen ausgesetzt, die sie zutiefst erschreckt haben. Ob es sich dabei um reale Bedrohungen der körperlichen Existenz oder des seelischen Selbstverständnisses gehandelt hat, ist dabei unerheblich. Auch das Erleben einer den Körper oder die Seele betreffenden scheinbaren Gefahr löst Angst, Entsetzen, Schmerz und Wut im Kind aus, die den Charakter des erwachsenen Menschen prägen.

Doch was für ein Mensch entsteht, wenn zusätzlich zu den Gefährdungen noch unermeßliche Qualen von dem kleinen Wesen auszuhalten sind? Jemand, der einigermaßen normal oder sogar in einer sehr guten Umgebung aufgewachsen ist, hat es sicher schwer, sich vorzustellen, welch tiefes Leid mißhandelte und gequälte Kinder zu ertragen haben. Wieder geht es nicht nur um körperliche Mißhandlungen – schlagen, hungern und dürsten lassen –, sondern auch und gerade um seelische Torturen, denen sehr, sehr viele Menschenkinder ausgesetzt sind. Welche Qual der Demütigung bedeutet es doch für ein Kind, ausgelacht zu werden!

Welchen Schmerz erleidet so ein hilfloses Wesen, wenn ein Elternteil mit sarkastischen Bemerkungen den Selbstwert des Kindes in Frage stellt! Eltern, aber auch andere Erwachsene, können bewußt oder unbewußt, gewollt oder ungewollt tiefe und schmerzhafte Wunden in einen kleinen Kinderkörper schlagen oder in die offene, ungeschützte Kinderseele ätzen. Diese erwachsenen Menschen haben entsprechende Verletzungen meist selbst in ihrer Kindheit erlitten.

Kann man diesem großen menschlichen Leid einen Sinn zusprechen? Würde die Welt nicht genauso – vielleicht sogar besser – ohne Qual und Verletzungen existieren? Diese Fragen, die den religiösen Bereich betreffen, haben sowohl Theologen als auch Philosophen und Psychologen immer wieder beschäftigt.

Wir kennen aus vielen Märchen die leidvollen Schicksale der Heldenkinder, mit denen wir, als wir selbst Kinder waren und diese Märchen hörten, mitgelitten haben. Wie tröstlich konnte das sein, zu erfahren, daß es auch andere Kinder gab, die viel Schlimmes auszuhalten hatten. Wenn sie es überstehen konnten, würde uns das auch gelingen!

Ein Märchen der Tartaren im Altai beginnt:

„Früher, früher war es,
ein von Gott geschaffener,
von Pajana geschaffener,
verwaister Knabe lebte.
Ohne Speise zum Essen,
ohne Kleidung zum Anziehen,
so lebte er.
Keine Frau ist da, die ihn heiratet.

Ein Fuchs kam zu ihm;
der Fuchs sprach zum Jüngling:
Wie wirst du ein Mensch werden?
Fragt er ihn.
Der Knabe sprach:
Wie ich ein Mensch werde,
weiß ich selber nicht!" [21]

Diesen letzten Satz: „Wie ich ein Mensch werde, weiß ich selber nicht..." kann man als Resignation verstehen oder auch als Demut, als Ergebenheit in das Schicksal. Nicht ich bestimme mein Leben, mein Menschwerden, nicht ich kann machen, daß ich weiterleben werde – ich bin abhängig von einer gütigen Macht, die mich rettet. Das ist Realität für jedes Kind. Die Eltern sind mächtig, und deren Einstellung zu ihm ist ausschlaggebend für seine Entwicklung. Die meisten Elternpaare haben ganz bestimmte Vorstellungen über Erziehungspraktiken, die sie dem Kind angedeihen lassen. Das ist auch bei Götter-Eltern der Fall. In einem Mythos der Wogulen beraten die Eltern über ihren göttlichen Knaben, was er wohl braucht, um einmal als Gott über die Menschen herrschen zu können:

„*Der kleine Sohn seines Vaters,*
der Liebling seines Vaters,
der kleine Sohn seiner Mutter,
der Liebling seiner Mutter –
es wird einmal die Welt des Zeitalters
des Menschen entstehen –
der auf Füßen stehende Mensch,
wie wird er ihn ertragen?
Geben wir ihn in die Hände eines anderen,

in den Händen eines anderen
wird er zur Zahmheit erzogen!
Zum Onkel, zur Tante,
seines Vaters, seiner Mutter,
wird er gegeben."

Wir hören von einer zwischen Himmel und Erde
hängenden Wiege, in der der Knabe hinaufgezogen
und heruntergelassen wird, nach dem Ratschluß
seines Vaters des Oberen Himmels.

"Sein Vater setzte ihn in eine gebogene Wiege
mit silberner Krümmung,
er ließ ihn hinunter in die Welt des Menschen,
des Bewohners der unteren Erde.
Aufs Dach seines menschlichen Onkels,
des mit Adlerfedern,
fiel er mit der gewaltigen Stimme des Donners.
Sein Onkel war plötzlich draußen,
er nahm ihn hinein.
Tags erzieht er ihn, nachts erzieht er ihn.
Als er so wächst, schlägt ihn seine Tante,
als er so wächst, schlägt ihn sein Onkel.
So werden hart seine Knochen,
so werden stark seine Muskeln.
Seine Tante haut ihn das zweite Mal,
das dritte Mal haut ihn sein Onkel."[22]

Für das Götterkind ist der Sinn seiner Qual das
Erlangen der Stärke, die erst den Herrscher, den
Beherrscher aus ihm entstehen läßt. Er wird zwar
ein mächtiger, aber auch erbarmungsloser Gott, der
sich später für seine ihm als Kind auferlegten Leiden
rächt.

Das Götterkind hat also wenigstens etwas von seinem Leiden – es wird dadurch groß und stark, ein mächtiger Herrscher, und es erhält auch die Genugtuung der Rache. Aber das gewöhnliche, das Menschenkind, das ja auch oft genug gequält, geschunden, verwundet wird, hat das ebenfalls etwas von seinem Leid?

„Ich bin durch eine harte Schule gegangen", kann man manchmal Menschen stolz sagen hören. Meist handelt es sich dabei um Männer der Generation, die noch die preußische Militärerziehung „genossen" haben (sie gebrauchen dieses Wort ganz ernsthaft). Der Drill der Offiziersschulen ist legendär, und alle Männer, die ihn durchlaufen haben, erzählen stolz und sehr selbstbewußt davon. Auch Frauen können hoch erhobenen Hauptes von den harten Dienstjahren als Hausmädchen bei irgendeiner exaltierten Herrschaft berichten oder von demütigenden Lehrjahren, „die keine Herrenjahre sind", die sie jedoch nicht missen möchten, denn „da wurde der Charakter geformt".

Mir läuft es jedes Mal eiskalt den Rücken hinunter, und meine Nackenmuskulatur verkrampft sich, wenn ich so etwas höre, und ich kann mir vorstellen, daß derartige – seelische und körperliche – Torturen nicht nur die Muskeln stärken, sondern sie auch verkrampfen und den Charakter deformieren können. Doch wenn ich dann wieder bei jüngeren Elternpaaren, die von der antiautoritären Erziehung überzeugt sind, erlebe, wie die Sprößlinge hemmungslos auf dem Klavier herumdonnern oder mit Schlammstiefeln über das helle Sofa spazieren, finde ich die preußische Erziehung nicht mehr ganz so schlimm.

Was können wir den Mythen und Märchen – auch dort gibt es viele Grausamkeiten, zum Beispiel schneidet sich in „Die sieben Raben" das Schwesterchen selbst ihren kleinen Finger ab, um damit den Glasberg zu öffnen, in dem die Brüder gefangen sind – über das verwundete, geschundene Kind entnehmen?

Sicher keine Erziehungshilfen, sondern, wie in allen frühen Erzählungen, das Sehen der Realität. Mythen sind auch, wenn wir sie genau betrachten und verstehen, desillusionierend. Auch Märchen gaukeln uns keineswegs eine schöne Scheinwelt vor, sondern beschreiben bildhaft die Realität, so wie sie wirklich ist. Deshalb können Kinder diese Erzählungen unmittelbar, ohne lange Erklärungen, verstehen, sie erfassen intuitiv den realistischen Inhalt. Allerdings hat Eric Berne recht, wenn er sagt: „Der Schluß des Märchens ist eine Illusion." Tatsächlich werden viele Märchenenden von Literaten hinzugedichtet und dadurch verformt.

Das verwundete Kind ist Wirklichkeit – wir brauchen nur die Tageszeitung aufzuschlagen, irgendeinen Bericht über ein mißhandeltes Kind oder über hungernde, verwahrloste Kinder in der ganzen Welt finden wir immer. Solches zu lesen weckt Mitleid mit dem Kind, Abscheu und Zorn über die Quäler, es weckt also Gefühle in uns. Und die sind wichtig, nicht nur für das natürliche Empfinden von Recht und Ordnung – darüber steht im nächsten Kapitel mehr –, sondern auch für den gefühlsmäßigen Zugang zu uns selbst, zu den eigenen inneren Verwundungen und Schmerzen.

Eine Patientin, die unter einer langanhaltenden, tiefen Depression litt, brachte in eine Therapiestunde ein Bild mit, das sie gemalt hatte. Es stellte eine menschliche Gestalt dar, die allerdings kaum mehr zu erkennen war, denn sie war über und über mit blutenden Wunden bedeckt. Die Patientin – sie ist Krankenschwester – erzählte dazu folgende Geschichte: Als sie vor einigen Tagen Dienst hatte, wurde, spät am Abend, ein schwerer Verkehrsunfall gemeldet. Als erstes trugen die Sanitäter den leblosen Körper eines kleinen Kindes herein, von dessen Kopf nur das verschmierte Blut einer großen Wunde zu sehen war. Das Kind wurde rasch zur Seite gestellt – für dieses kleine Wesen schien jede Hilfe zu spät zu kommen –, denn weitere schwerverletzte Menschen wurden gebracht. „Ihr könnt doch das Kind nicht einfach so liegen lassen", protestierte meine Patientin, aber ihre Kolleginnen und die Ärzte meinten, es sei sinnvoller, sich um die Erwachsenen zu kümmern, für die mehr Hoffnung auf Rettung bestand.

„Irgendwas zog mich zu dem Kind", sagte die Frau, als sie mir diese Geschichte erzählte. Sie ging zur Trage, auf der es lag. Sie konnte keinen Atem mehr feststellen. Traurig und verzweifelt begann sie, das Kind zu streicheln. Sie saß einfach da und streichelte es. Versunken in ihre eigene Traurigkeit und Verzweiflung, folgte sie nicht den Aufforderungen der anderen Schwestern, ihnen doch bei der Versorgung der Verletzten zu helfen. Lange saß sie und streichelte das Kind. Und auf einmal fing es an, leise, kaum hörbar zu stöhnen, durch seinen kleinen Körper zuckte ein Fünkchen Leben. Aufgeregt rief sie einen der Ärzte, der sich nun des kleinen Geschöpfs annahm und es behandelte. Das Kind konnte gerettet werden.

Meine Patientin weinte, und mit diesem Weinen löste sich das dumpfe Empfinden der Ausweglosigkeit, in der sie sich wie in einer dunklen Nacht gefangen gefühlt hatte. Ein Lichtschein der Hoffnung flammte in ihrer Seele auf, so wie das Leben in dem verletzten Kind wieder aufzuflackern begann.

Zu Hause setzte sie sich hin und hielt auf einem einfachen Blatt Papier mit Buntstiften fest, was wichtig für sie geworden war: ein verwundetes, leidendes, halbtotes Kind, das sie an ihre eigenen Verletzungen, die sie in der Kindheit erlitten hatte, erinnerte. Durch das Mitleid, das sie für ein fremdes Kind empfand, wurde sie sich ihrer eigenen Schmerzen bewußt, die sie bisher abgewehrt hatte, weil sie meinte, sie nicht aushalten zu können. Jetzt, da sie sah, wie so ein kleines Wesen klaglos in seinem Leid lag, konnte sie auch ihre Schmerzen zulassen und annehmen. So wurde ein verwundetes Kind zum Träger der Wunden eines anderen Menschen und zugleich zum Erlöser. Ist das nicht auch die Botschaft und Bereitschaft des Christus-Kindes? Das verwundete, geschundene Kind wird dadurch, daß es sein Schicksal annimmt und nicht an der Grausamkeit zerbricht, zum Trost- und Heilsbringer der Leidenden, die bereit sind, seine Botschaft zu verstehen und anzunehmen.

Im Dienste der
ausgleichenden Gerechtigkeit

In vielen Mythen wird davon erzählt, daß das besondere, das Königs- oder Gotteskind auch eine außergewöhnliche Aufgabe bekommt, die es heldenhaft bewältigen muß. Es sind meist männliche Kinder, die große Taten vollbringen – ob auf elterliche Anordnung oder aus eigenem Antrieb. Oft geht es dabei um Rache. Die Söhne sind verpflichtet, Unrecht, das ihren Vätern angetan wurde, durch unerbittlich harte Strafen zu sühnen.

Sehr bekannt ist beispielsweise die Geschichte von Horus, dem Sohn der ägyptischen Muttergöttin Isis. Isis und der Horus-Knabe sind in der alten ägyptischen Religionsgeschichte ebenso bekannt und beliebt wie im Christentum Maria und das Jesus-Kind. Es gibt allerdings einige Unterschiede zwischen den beiden Paaren: In Isis wird eine sehr alte Muttergottheit verehrt. Viele Darstellungen zeigen sie mit der Sonnen-(oder Mond-)Scheibe auf dem Kopf, die von zwei Kuhhörnern rechts und links flankiert wird. Die Kuh war und ist wegen ihrer milchspendenden Euter das Mutter-Tier, das in sehr vielen Kulturen als Muttersymbol verwendet wurde.

Ein wesentlicher Unterschied zwischen Isis und Maria ist auch der, daß Isis als die große Liebende verehrt wurde. Schon im Mutterleib vermählte sie sich mit ihrem Zwillingsbruder Osiris, den sie über alles liebte. In Ägypten war es damals üblich, daß die Pharaonen und die entsprechenden Gottheiten Geschwisterehen eingingen.

Isis und Osiris lebten also eine Zeitlang als glücklich verliebtes und vermähltes Paar, bis Setech oder Seth, der ehrgeizige junge Bruder der beiden, ihnen den Thron streitig machen wollte und Osiris kurzerhand umbrachte. Er sperrte ihn in eine Kiste und versenkte diese im Nil. Nach langer, abenteuerlicher Suchwanderung fand Isis den geliebten Gatten, und unter großem Wehgeschrei öffnete sie den Totenschrein. Ihr Wehklagen war deshalb so laut, weil sie keinen Sohn von Osiris empfangen hatte, der den Tod des Vaters hätte rächen können. Aus diesem Grund gebrauchte Isis alle ihre göttlichen und zauberischen Fähigkeiten, setzte sich rittlings auf den Leichnam ihres Gatten und weckte damit seinen Phallus zu neuem Leben. So empfing sie Horus, ihrer beider Sohn.

Hier wurde also das göttliche Kind einzig und allein zu dem Zweck gezeugt, das Unrecht, das seinem Vater angetan war, zu rächen. Es heißt von Isis, daß sie ungeduldig auf die Zeit wartete, da Horus alt und stark genug sein wird, seine Aufgabe zu erfüllen. Als dann der langersehnte Tag kam, an dem Horus seinen Onkel Setech, der die Gestalt eines Nilpferdes angenommen hatte, mit Harpunenstößen erlegte, feuerte Isis ihren Sohn mit der ganzen Kraft ihrer Leidenschaft an: „Schlage, Horus, schlage!" Und das Volk rief mit ihr begeistert im Chor: „Schlage, Horus, schlage!"

Ist das Verlangen nach Vergeltung auch in der Seele des heutigen Menschen noch so stark? Es gab – und gibt noch heute – in vielen Völkerstämmen die Blutrache. So ist anzunehmen, daß es sich hierbei um ein archetypisches Geschehen handelt, daß in der menschlichen Psyche ein Rechts-Grundmuster vorhanden ist.

In einem alten griechischen Schöpfungsmythos wird von einer weiblichen Gottheit namens Themis gesprochen. Sie bedeutet „Erde", aber auch „natürliche Ordnung" oder „Regel der Natur", die das Zusammenleben der Geschlechter und das Zusammenleben der Götter und der Menschen bestimmt. Themis hat eine Tochter namens Nemesis. Und Nemesis heißt „göttliche Rache" oder „gerechter Zorn". Die Grundregel der kosmischen und menschlichen Ordnung lautet: „Wird die Themis nicht beachtet, ist die Nemesis da." Werden also Recht und Ordnung – wie immer das jeweils definiert sein mag – nicht eingehalten, tritt der Zorn Gottes in Kraft, oder besser der Zorn der weiblichen Gottheit.

Isis und Nemesis – zwei göttliche Frauengestalten, die zornig sind und Unrecht nicht ungestraft hinnehmen. Noch eine andere bekannte Rächerin kennen wir: Medea, die griechische Königstochter, die dem Argonautenführer Iason half, das goldene Vlies zu erobern. Medea ist aber wahrscheinlich identisch mit der älteren syrisch-palästinensischen Göttin Astarte oder Anath. Ob Astarte, Anath oder Aschtoret, immer ist mit diesen Namen eine chtonische, das heißt zur Erde und zum Unterirdischen gehörende, weibliche Gottheit gemeint, die oft als nackte Reiterin oder Kriegsgöttin auftritt.

Medea wird als leidenschaftliche und unerbittliche Frau geschildert, die kein Pardon kennt. Zuerst veranlaßt sie die Töchter des Bruders ihres Schwiegervaters, deren Vater zu ermorden, weil dieser die dem Iason (Medeas Gemahl) zugesagte Herrschaft verweigerte. Und als Iason Medea später verstoßen wollte, um eine andere Prinzessin, Glauke, zu ehelichen, tötet Medea nicht nur Iason und Glauke, sondern auch ihre eigenen, mit Iason gezeugten Kinder. – Was für eine erbarmungslose Frau, die ihre eigenen Kinder umbringt und sich selbst dadurch großes Leid zufügt!

Eine ungeheure Kraft muß also dem verletzten Ordnungsgefühl innewohnen, daß es stärker ist als die Liebe zu den Kindern, also auch stärker als die Liebe zu sich selbst. Isis erreicht mit dieser Energie, daß der Phallus des toten Osiris zu neuem Leben erwacht, Althaia und Metaneira vernichten durch diese Kraft das Leben ihrer Söhne, indem sie das Holzscheit ins Feuer werfen. Wo und wann spüren wir noch heute die Macht dieses Archetyps?

Sicher sind Vergeltungstaten in der Heftigkeit, wie sie Isis und Medea übten, Ausnahmen, wenngleich sie doch gelegentlich vorkommen – entsprechende Zeitungsberichte können wir immer wieder lesen. Doch gibt es noch sehr viel subtilere und weniger bekannte Vorgänge innerhalb menschlicher Systeme, die im Dienste einer natürlichen Ordnung stehen. Wenn man Familiengeschichten genau betrachtet, erkennt man, daß das Prinzip der ausgleichenden Gerechtigkeit oft ausschlaggebend ist für den Schicksalsverlauf des einzelnen Familienmitglieds. Zum Beispiel kann ein Kind sich – unbewußt – entscheiden, das Leben des „schwarzen Schafes" zu führen, um damit irgendein anderes Familienmitglied (Großmutter, Großvater, Tante, Onkel) zu rächen, das aus dem Sippenverband irgendwann einmal ausgestoßen wurde. Dabei braucht der

„Rächende" den Ausgeschlossenen oder Verfemten gar nicht persönlich zu kennen, er hat vielleicht nur von ihm gehört. Die Tochter kann sich aber auch beispielsweise ganz bewußt am Vater, dem Großvater oder der Großmutter rächen für das ihrer Mutter zugefügte Leid, das sie selbst in inniger Verbindung mit der Mutter erlebt hat. Unbewußt kann ein Elternteil dem Kind den „Auftrag" geben: „Sorge du einmal dafür, daß mein Defizit ausgeglichen wird." Zum Beispiel Mutter an Tochter: „Studiere du, weil es mir nicht gestattet wurde." Oder: „Heirate nicht und gebäre keine Kinder, weil ich so sehr darunter gelitten habe."

Mit seiner Skript-Theorie hat Eric Berne solche unbewußten Lebenspläne sichtbar gemacht. Oftmals folgen sie dem Prinzip der ausgleichenden Gerechtigkeit – wie immer sich diese auch im Leben des einzelnen auswirken mag –, und Berne hat sie mit den verschiedensten Märchen, Legenden und Mythen in Zusammenhang gebracht. Das Kind wächst eben nicht nur für sich oder seine Eltern in sein Leben hinein, es ist auch Träger der natürlichen Ordnung, der Themis, sowie Vollzieher des gerechten Zorns, der Nemesis – ebenso wie sein göttliches Vorbild.

Warum sind Ordnung, Gerechtigkeit und Rache (Isis, Themis, Nemesis) weibliche Gottheiten, während der ausführende Rächer meist ein Sohn ist wie beispielsweise Horus, der eigens zu diesem Zweck gezeugt wird? Themis heißt ja auch Erde und *natürliche* Ordnung, Isis stellt eine Mutter-, das heißt Natur-Gottheit dar. In Mutter Erde ist also das Prinzip gerechte Ordnung enthalten – zum Schutz ihrer Existenz. Da aber nun einmal weiblich und männlich zusammengehören, das eine ohne das andere nicht bestehen kann, müssen sich beide an der großen Aufgabe der göttlichen Ordnung beteiligen.

Das Männliche, der Animus oder auch der Sohn, ist in der weiblichen Psyche das Schöpferische, das Ausführende, das Aktive, das Tun. Deshalb wird im Mythos der Sohn als Diener der Großen Mutter dargestellt. In den Märchen sind es oft die Zwerge, die „kleinen (kindergroßen) Männer", die der Mutter Natur dienen, zum Beispiel arbeiten die Zwerge im „Schneewittchen" im großen Berg, das heißt, sie verwalten, „bergen" den Schatz ihrer Mutter Natur. Die phrygische Göttin Kybele, „Mutter der Götter", war von drei zwergenhaften Schmiede-Dämonen, den Daktylen, begleitet, die ihr dienten. Kelmis = Schmelzer, Damnameneus = Hammer und Akmon = Amboß hießen sie. Was Kybele ersann, mußten sie schmelzen, biegen und behauen, sie mußten also die Pläne „schmieden", das heißt ausfertigen, die ihre Herrin beschlossen hatte. Ebensolche hilfreichen Naturdämonen einer Großen Mutter waren die Kureten und Korybanten, die der Götter-Mutter Rhea dienten, indem sie deren kleinen Sohn, Zeus, auf dem Berg Ida bewachten.

Wir sehen also in den Mythen getrennt personifiziert, was die menschliche Psyche in sich als Prinzipien vereinigt. Im Mythos ist der Sohn Diener der Großen Mutter; in der Seele der Frau setzt ihr denkender Animus aktiv in die Tat um, was sie fühlt. Da der Frau das Fühlen im allgemeinen näher ist als dem Mann, denn der Gefühlsbereich ist bei ihr im weiblichen Bewußtsein, während es beim Mann dem Unbewußten seiner Anima zugehört, fühlen Frauen in der Regel spontan und denken dann darüber nach. Männer praktizieren es meist umgekehrt: Zuerst setzt der Denkprozeß ein, darauf folgt – wenn der Mann gelernt hat, seine Anima zumindest teilweise ins Licht des Bewußtseins zu ziehen – das Gefühl.

G. C. Jung bezeichnet das Fühlen – das er vom Gefühl abgrenzt, indem er dieses Emotion nennt – als eine Funktion des Ich-Bewußtseins, die wertet in gut und schlecht, schön und häßlich, angenehm und eklig und so weiter. Es ist also eine unterscheidende Funktion, die das Ich in die Lage versetzt, ein Urteil zu fällen – über eine Situation, eine Sache oder einen Menschen. So ist es also nicht verwunderlich, daß die natürliche Ordnung, die Gerechtigkeit (Justitia) als Weibliches, als Göttin Erde oder Natur dargestellt wird und ihr männliches Kind, der Sohn, ihr hilft, dem ihr innewohnenden Prinzip zu seinem Recht zu verhelfen.

Wenn ihr nicht werdet
wie die Kinder

Göttliche Eltern haben es besser als menschliche Eltern – wie könnte es anders sein! Ihre Kinder benötigen nicht die jahrelange Pflege, die für normale Mütter und Väter oft mit vielen Mühen und Plagen verbunden ist. Bis ein Kind – und erst recht mehrere – so einigermaßen „aus dem Gröbsten heraus sind", vergehen die „besten" Jahre zweier Menschen, die sich zu Eltern gemacht haben. „Dir hab' ich meine besten Jahre geschenkt" oder „Dir habe ich meine wertvollste Zeit geopfert", können sie vorwurfsvoll oder mit zur Schau getragener Leidensmiene zu ihrem Kind sagen und ihm damit lebenslange Schuldgefühle vermitteln. Solche Eltern sind leider keine Ausnahmen. Patienten, die eine psychotherapeutische Behandlung aufsuchen, könnten Bände von diesen und jenen Aussprüchen füllen.

Doch gibt es zum Glück auch Eltern, die ihre „besten" Jahre mit den Kindern genießen und die sich bewußt machen, daß dies eine Zeit schöpferischer Kreativität für sie sein kann. Denn sie entdecken durch ihre Kinder und zusammen mit ihnen ihren eigenen kindlichen Einfallsreichtum wieder. Ihre Phantasie, die ja zum Schöpferischen gehört, wird erneut lebendig und verleiht ihrem Alltag Leichtigkeit und Farbenprächtigkeit, die den über die verlorenen „besten" Jahre klagenden Eltern versagt bleibt.

In zahlreichen Mythen wird die Kreativität des Kindes am Beispiel seines göttlichen Vorbildes geschildert. Hermes zum Beispiel, Sohn des Griechengottes Zeus und der Maia, wurde von seiner Mutter in einer Höhle des Berges Kyllene in Arkadien zur Welt gebracht. Sie wickelte ihn, dem Brauch gemäß, in Windeln und legte ihn in eine Getreideschwinge. Kaum hatte sie sich entfernt, befreite sich das Kind aus den Windeln und wanderte nach Thessalien, wo sein Halbbruder Apollon die Herden des Admetos hüten sollte. Dieser vernachlässigte allerdings seine Aufgabe, da er gerade wieder einmal verliebt war, und Hermes stahl ihm zwölf Kühe. Um keine Spuren zu hinterlassen, fertigte Hermes aus der Rinde einer gestürzten Eiche Schuhe und band sie den Kühen mit Grasbüscheln an die Hufe. Auf dem Heimweg fand er eine große Schildkröte, entschalte sie und spannte über ihren Schild Saiten, die er aus den Eingeweiden zweier geopferter Ochsen gefertigt hatte. So erfand er die erste Lyra. Apollon suchte inzwischen nach den Tieren, und dank seiner Hellsichtigkeit fand er sie auch in der Nähe von Hermes' Höhle. Ergrimmt beklagte er sich bei Maia über den Diebstahl. Diese führte ihn aber zur Getreideschwinge und zeigte ihm den in seine Windeln gewickelten, sich schlafend stellenden Hermes. Daraufhin suchte Apollon Recht bei Vater Zeus, der jedoch nichts davon wissen wollte, daß sein jüngster Sohn ein Dieb sein sollte. Schlußendlich gab aber Hermes zu, die Kühe gestohlen zu haben, und wollte sie Apollon zurückgeben – bis auf die zwei, die er geopfert hatte. Doch Apollon bot Hermes an, die Kühe zu behalten, wenn er ihm dafür die Lyra gäbe, die er Hermes hatte spielen hören. Hermes war einverstanden. Später erfand das kreative göttliche Kind auch noch die Syrinx (laut dieser Geschichte) und bekam dafür von Apollon die Goldrute, mit der er seine Herden gehütet hatte. Zeus war sehr beeindruckt von seinem einfallsreichen Sohn und ernannte ihn zu seinem Boten. Er schenkte ihm einen runden Hut gegen den Regen und geflügelte Sandalen. Außer der Botentätigkeit bekam Hermes die Aufgabe, die Seelen der Toten in die Unterwelt zu führen.

Diese vergnügliche Geschichte zeigt, wieviel Einfallsreichtum und Schalk in der menschlichen Seele von Anfang an enthalten sind. Kinder brauchen nicht erst zu lernen, irgendwelche Streiche auszuhecken, sie bringen die Anlagen dazu schon mit. In Zeitschriften, die eigens für junge Eltern gemacht werden, gibt es seitenweise lustige und ernsthafte kleine Geschichten über das, was Kinder tun oder sich überlegen, und viele Aussprüche aus Kindermund können Erwachsene verblüffen.

Junge Mütter, die den ganzen Tag über mit ihren Kleinen zusammen sind, brennen oft ungeduldig darauf, dem abends heimkehrenden Vater die neuesten Erlebnisse mit ihren Sprößlingen zu berichten. Was uns so fasziniert am Verhalten der Kinder, ist die Überraschung, die sie uns bereiten. Sie ist auch das Geheimnis eines guten Witzes. Wir sind entzückt, wenn wir etwas Außergewöhnliches erleben, und geraten in freudige Hochstimmung, wenn wir wissen, daß uns irgendwo eine besonders witzige Unterhaltung erwartet. „Lachen ist die beste Medizin", heißt es im Volksmund, und es ist wirklich so, daß man sich am besten entspannt, wenn man sich freut und fröhlich lacht. Wenn der Witz dann überdies noch viel Geist enthält – Esprit nennen es die Franzosen –, dann sind wir aufs äußerste entzückt. So eine Unterhaltung, das kann ein Theaterstück, ein Film, eine Kabarettaufführung oder ein Abend mit entsprechenden Freunden sein, wirkt wie ein Verjüngungsbad für den Geist. – Kinder brauchen also Esprit nicht zu lernen, sie tragen ihn in sich. Doch leider verlernen sie ihn oft recht schnell, spätestens dann, wenn sie zur Schule kommen, die ja meist einen Ausbund von Langweiligkeit darstellt. Wie leicht und vergnüglich könnte Lernen auch in der Schule sein, wenn Pädagogen sich des „Geistmotors" Überraschung, Faszination und Entzücken bedienen würden.

Der indische Gott Ganesha = „Herr der Hindernisse", der als Menschenkörper mit einem Elefantenkopf dargestellt wird, war schon als Kind ein Schalk: „Ganesha und Karttikeya sind die beiden Kinder des Shiwa und der Parvati. Der erste stellt die Anrufung der geistigen Kraft dar, der zweite das Vertrauen auf die materielle Kraft. Ein Mythos kennzeichnet treffend den Gegensatz zwischen den beiden Brüdern. Ihre Eltern wollten sie eines Tages ‚verheiraten‘, das heißt ihnen die Macht verleihen, sich zu manifestieren. Doch Shiwa wollte sie einer Prüfung unterziehen, um festzustellen, welches der beiden Kinder den Vorrang haben sollte. In dieser Absicht forderte er sie auf, so schnell wie möglich die ‚Runde um die Erde‘ zu machen (die Gesamtheit der irdischen Manifestation zu erfassen und sie zu beherrschen). Karttikeya machte sich mit größter Geschwindigkeit auf den Weg, während Ganesha ganz gemächlich die Runde um seine Eltern machte. Und als Shiwa ihn um eine Erklärung bat, antwortete er: ‚In den Veden heißt es, daß derjenige, der seine Eltern ehrt, indem er siebenmal um sie herumgeht, ebensoviel Verdienst hat wie derjenige, der siebenmal die Runde um die Erde macht.' Und er wurde als Sieger anerkannt."[23]

Eine der schönsten Erzählungen ist von Krishna bekannt: Seine Spielkameraden, mit denen er im Freien zusammen war, kamen aufgeregt zu Krishnas Mutter Yashoda gelaufen und berichteten, der kleine Junge habe Lehm gegessen. Sie rief den Sohn ins Haus, und da er abstritt, was die Kameraden über ihn gesagt hatten, hieß sie ihn den Mund öffnen, damit sie sich von der Wahrheit überzeugen könne. Zu ihrem großen Erstaunen erblickte sie zwischen den Gaumen des Kleinen das ganze Universum. Erschrocken nahm sie ihn in die Arme und streichelte ihn liebevoll und ehrerbietig.

In einer anderen Version wird diese schöne Geschichte folgendermaßen erzählt:

„Die Pflegemutter des Gottessohnes, Yashoda,
nahm den Krishna einst auf ihren Schoß
mit süßer Lust
und liebevoll gab sie dem Kind,
das trinken wollte, ihre Brust.
Der Knabe trank und öffnete den Mund
mit leichtem Gähnen dann,
liebkosend sah die Mutter da
das schöne Antlitz zärtlich an.
Und wunderbar! Mit einem Blick
sah sie die Welt,
Luft, Sonne, Mond,
das Sternenmeer am Himmelszelt.
Meer, Erde, Berg, Fluß, alles, was die Erde hegt,

jedwedes Ding, das in der Welt sich ruht
und regt.
Helläugig sah sie zitternd alles das im Nu
und lieblich lächelnd
schloß sie dann die Augen zu. "[24]

Was ist der Sinn dieser ebenso amüsanten wie
nachdenklich stimmenden Erzählungen der „Wun-
der-Gotteskinder"? Eben: das Wunder! Das Wunderbare des Kindes. Denn die Göttergeschichten
stehen beispielhaft für das Wesen des Kindes überhaupt. Jedes Kind ist ein Wunderwesen, nicht nur
die allseits bekannten menschlichen Wunderkinder,
wie zum Beispiel der kleine Wolfgang Amadeus
Mozart. Nicht jedes Kind verfügt über die Begabung
dieses großen Musikers, aber jedes Kind hat Zugang
zur ursprünglichen Wirklichkeit der Welt und zu
ihren geheimnisvollen Zusammenhängen, wie es in
der Geschichte des jungen Krishna so eindrücklich
dargestellt wird. Es liegt nur an uns Erwachsenen,
diese dem Kind eigenen Fähigkeiten zu erkennen.

Eine Mutter ging mit ihrer zweijährigen Tochter
in dem Urlaubsort, an dem sie sich einmal aufhielt,
täglich in ein bestimmtes Café. Jedesmal wollte die
Kleine Kakao, sonst nichts. Wenn dann die bestellte
Tasse Kakao vor ihr stand, sah sie diese unverwandt
an, trank aber nicht. Am vierten Tag fragte die
Mutter sie, warum sie den Kakao bestellen möchte,
wenn sie ihn doch nicht trinke. Die Kleine sah ihre
Mutter mit großen, leuchtenden Augen an und
sagte: „Ist doch sooo schön!" Diese Mutter schloß
ihr Kind ebenso freudig berührt in die Arme wie
Yashoda den kleinen Krishna und ließ den gewohn-
ten Kakao kommen. Sie war selbst überrascht, als

sie jetzt die große, schön geformte Tasse sah, in der auf dem dunkelbraunen, dampfenden Getränk ein schneeweißer Berg Schlagsahne schwamm. Dieses kleine Mädchen lebte noch ganz unmittelbar den jedem Menschen angeborenen Sinn für Schönheit. Es überließ sich einfach, da es ja noch nicht bewußt darüber nachdenken konnte, seinem natürlichen Gefühl. Das ästhetische Empfinden, mit dem jeder Mensch zur Welt kommt, ist eine wichtige Funktion. Sie hat die Aufgabe, Werte zu bilden: Dies ist schön, jenes ist häßlich; das ist gut, das ist schlecht. Das Bewußtsein für den Wert der Dinge, der Welt, des Lebens, der Natur, der anderen stellt eine notwendige Grundbedingung zur Erhaltung der Menschheit dar. Daß diese Fähigkeit möglichst voll und ungestört entwickelt und nicht unterdrückt oder mißgebildet wird, ist eine wichtige Aufgabe von Eltern und Erziehern. Eigentlich sind Kinder viel eher geeignet, die Erwachsenen zu erziehen, als umgekehrt. Wenn wir den Kindern aufmerksam und nachdenkend zuschauen, können wir eine Menge lernen über das, was wirklich wichtig ist.

Ein anderes kleines Mädchen hat einen Freund, den es heiß und innig liebt. Es ist ein schöner, großer grau-getigerter Kater namens „Muck". Eines Tages stirbt das Tier. Das Kind erlebt den ersten tiefen Schmerz seines Lebens. Heiße Tränen laufen stundenlang über das kleine Gesichtchen, bis tröstlicher Schlaf das Leid eine Nacht lang unterbricht. Doch kaum schlägt die Kleine am nächsten Morgen die Augen auf, fangen die Tränen erneut zu fließen an – jetzt leiser, was jedoch noch mehr das große Weh im Herzen des Kindes ahnen läßt. Es ist nicht zu trösten. Die folgenden Tage sind überschattet von der Trauer um den geliebten Muck. Und noch Wochen danach gibt es immer wieder Einbrüche in das Tagesgeschehen durch die Trauer. Plötzlich – mitten aus einem Spiel heraus oder beim Essen – wird das kleine Wesen von Schmerz geschüttelt, birgt schluchzend sein Gesichtchen in Mutters Schoß. „Mein Muck, mein Muck, mein lieber Muck" ist alles, was es spricht. Ganz, ganz langsam und allmählich taucht es aus der Dunkelheit der Trauer auf in seine bis dahin hell gewesene Kinderwelt. Doch es wird nie mehr sein wie früher, so unbeschwert und frei. Dieses kleine Menschenkind hat zum ersten Mal etwas über die Unerbittlichkeit und Finsternis des Lebens erfahren. Es hat sich natürlicherweise vollkommen dem Erleben hingegeben, das ihm gerade beschieden war. Die Aufforderung wie „Ach komm, das ist doch nicht so schlimm, denk doch nicht mehr daran", die Eltern in solchen Situationen gern zu geben pflegen, weil sie selbst es verlernt haben, mit Trauer umzugehen, hätte das Geschehen zu schnell beendet. Eingriffe in einen natürlichen Trauerprozeß fügen der Seele Schaden zu. Die psychische Fähigkeit, alle Erlebnisse entsprechend verarbeiten zu können, würde beschnitten.

Ein vierjähriger Junge erhält den Auftrag, die Blumen des Gartens zu gießen. Obwohl er schon oft zugeschaut hat, wie das gemacht wird, hält er sich nicht an diese Kenntnisse. Seine Mutter ist zunächst entsetzt, als sie nach einer Weile nachschaut und sieht, wie ihr Sohn in einer Erdmulde, die er gegraben hatte, alle abgeschnittenen Blüten der Blumen begießt. „Was machst du da?" fragt sie ihn verständnislos. Aber seine Augen leuchten, als er sagt: „Ich bade die Blumen, schau, wie sie das mögen." Er selbst badet gerne, und er wollte den „lieben Blumen" dieses Vergnügen auch gönnen.

Darf Liebe zur Natur gerügt werden? Sicher nicht. Und ist es wirklich wichtiger, einen gepflegten Garten zu besitzen, als die kindliche Befriedigung, den Blumen eine Freude gemacht zu haben, zu trüben? Dieser kleine Blütenteich strahlt außerdem einen Zauber aus, dem etwas Heiliges anhaftet. In der Tat hat der kleine Junge, unbewußt einem alten Ritual folgend, einen Altar für die große Mutter Natur gebaut, auf dem er ihrer Schönheit die Opfer des elterlichen Gartens darbringt.

Über die Weihe des Ortes und den Aufbau des sakralen Raumes schreibt Mircea Eliade:

„Der Ort wird keinesfalls vom Menschen ‚gewählt', er wird nur von ihm ‚entdeckt'; anders ausgedrückt, der sakrale Raum *offenbart* sich ihm auf die eine oder andere Weise. Die ‚Offenbarung' vollzieht sich nicht notwendig durch unmittelbare Hierophanien (dieser Ort, diese Quelle, dieser Baum usw.), sie wird manchmal auch durch eine traditionelle, auf einem kosmologischen System beruhende Technik herbeigeführt. Die orientatio ist eines der Verfahren, die zur ‚Entdeckung' einer Baustelle angewendet werden. Die eigentlichen heiligen Räume, wie Altäre und Heiligtümer, werden nach den Vorschriften eines traditionellen Kanons ‚gebaut'. Aber dieses ‚Bauen' gründet sich zuletzt auf eine Uroffenbarung, die in illo tempore den Archetypus des heiligen Raumes enthüllt hat; dieser Archetypus ist bei jedem neuen Altar, jedem neuen Tempel oder Heiligtum wiederholt und kopiert wor-

den. Überall finden wir Beispiele für diese ‚Kon-
struktion‘ eines sakralen Raumes nach einem archetypischen Modell. Nach zahlreichen Überlieferungen begann die Schöpfung der Welt in einem ‚Zentrum‘, und deshalb muß auch der Bau der Stadt um
ein solches Zentrum herum erfolgen. Romulus
macht einen tiefen Graben (fossa), füllt ihn mit
Früchten, bedeckt ihn wieder mit Erde, errichtet
darauf einen Altar (ara) und zieht dann mit einem
Pflug einen Wall. Der Graben war ein mundus; ‚man
hat diesem wie dem Universum den Namen mundus
gegeben‘, sagt Plutarch.“[25]

All dies wußte der kleine Junge nicht. Er ließ sich
einfach leiten von dem, was aus seiner Seele auf-
stieg, und er wird dieses Erlebnis nie in seinem
Leben vergessen, denn göttliche Augenblicke sind
nicht zeitabhängig, sie sind unvergänglich. Der
Junge hat sich seinen mundus, seine Welt, in diesem
Augenblick geschaffen. Ist es nicht verlockend, sich
auch als Erwachsener wieder der kindlichen Wirklichkeit der Seele zu öffnen und dem Mysterium der
Verbindung zwischen „mir als Mensch und dem
Göttlichen in mir“ nachzuspüren? Wie kalt und
eintönig ist doch die Erwachsenenwelt der „reinen
Vernunft“ mit ihrer Einseitigkeit gegenüber der einfallsreichen, mit tausend bunten Blüten geschmückten Kinderwelt! „Wenn ihr nicht werdet wie die
Kinder…“ Ist das die Verheißung, vor 2000 Jahren
gegeben, die uns heute zukunftsfähig sein läßt?

Die Gegensatz-Vereinigung:
Eros und der Drache

Kein anderes göttliches Kind ist so bekannt wie das, das den Namen Liebe trägt: Eros, der göttliche Knabe. Wir kennen ihn aus vielen Darstellungen: ein vergnügt und schelmisch lächelndes, pausbäckiges kleines Wesen mit runden Ärmchen und Beinchen, so wie sie bei einem Kind aussehen, das gerade anfängt zu laufen. Er trägt Pfeil und Bogen in den Händen, ein Köcher hängt an seiner Schulter. So zieht er landauf, landab, um seine Aufgabe zu erfüllen: menschliche Herzen durch seine Pfeile in Aufruhr, Wonne und Schmerz zu versetzen – wir nennen das Liebe.

Woher kommt er, dieser mutwillige, unruhestiftende Knabe, um dessentwillen jeder Mensch glücklich und unglücklich, himmelhochjauchzend, zu Tode betrübt ist, um dessentwillen Feste gefeiert, Verbrechen begangen und Kriege geführt wurden und werden? Wer ist dieser Magier, dem jeder Mensch sich irgendwann einmal ausgeliefert sieht?

„In manchen Mythen heißt es, daß Eros, der dem Weltei entschlüpfte, der erste der Götter war, da ohne ihn keiner der anderen hätte geboren werden können. Sie sagen, daß er gleichen Alters wie Mutter Erde und Tartaros sei, und bestreiten, daß er einen Vater oder eine Mutter, außer Eileithyia, der

Göttin der Geburt, gehabt habe. Andere behaupten, daß er Aphrodites Sohn wäre, von Hermes oder von Ares oder von ihrem eigenen Vater gezeugt. In einer weiteren Version ist er ein Kind, das Isis vom Westwind empfing. Er war ein wilder Knabe, der weder vor Alter noch Rang Achtung zeigte. Er flog auf goldenen Flügeln umher und verschoß wahllos seine Pfeile oder setzte Herzen mit seinen schrecklichen Fackeln in Flammen." [26]

Auch auf einem Delphin reitend, in der Hand einen Fisch, wird Eros dargestellt. Die Griechen, ein Volk, das ja mit dem Meer eng verbunden lebte, verehrten den Delphin. Sie nannten ihn „Uterus-Tier", denn Delphys heißt Gebärmutter. Von diesem – übrigens sehr intelligenten und außerordentlich beziehungsfähigen – Tier wurden viele Legenden erzählt, zum Beispiel, daß der Sänger Arion von einem Delphin aus Piratenhand befreit wurde oder daß Delphine ihre menschlichen Lieblinge aus Seenot retteten oder auch Tote an Land trugen. Dem schönen Jünglingsgott Apollon war der Delphin geweiht, er hieß auch Apollon Delphinios. Er wurde ja zusammen mit seiner Zwillingsschwester Artemis von Leto oder Leda geboren, die sich in einen Schwan verwandelte, um Zeus' Nachstellungen zu entfliehen. Zeus begattete sie dennoch, ebenfalls in der Gestalt eines Schwanes. So ist es nicht verwunderlich, daß Apollon eine direkte Beziehung zum Meer zugeschrieben wurde. Seine heilige Stätte, die er schon als Kind gründete, wurde Delphoi (= der Mutterleib), wo er das Ungeheuer, die Python-Schlange, Sohn der Erdmutter Gaia, besiegte.

Wir werden also erneut mit den Urmächten allen

Lebens konfrontiert: dem Wasser – es ist dasselbe, auf dem Eurynome tanzte, dem Wind – der Eurynome wie Isis schwängerte, und der Schlange – diesmal als Sohn der Erdmutter Gaia. Das Wasser mit seinen Kreaturen – der Delphin steht hier als Teil für das Ganze –; der Wind, dem der Vogel zugeordnet ist: Iahu, die Taube, Halkyone, das Eisvogelweibchen, Leda, der Schwan; und die Erde, die der Schlange als Wohnort dient: Ophion, Jaldabaoth, Midgard, Python – das sind drei. Nun fehlt nur noch das Feuer, und die Ganzheit der vier Elemente wäre geschlossen. Es war nicht von Anfang an da, das Feuer. Oder doch? Eurynome rieb den Nordwind zwischen den Händen, sie erwärmte ihn und entfachte die Liebesglut in Ophion, so daß er sich lüstern um sie schlang und sie begattete. Es gehört also zum Weibe, das Feuer der Liebe, das fortan alle Lebewesen schuf. So ist auch Eros, das Kind der Liebe, in der menschlichen Seele das weibliche Prinzip, hell leuchtend im Bewußtsein der Frau, schlummernd im Unbewußten des Mannes. Eros schießt seinen Pfeil ab, und die Frau weiß sofort, was sie will: diesen Mann oder keinen!

Eros schießt seinen Pfeil erneut ab, und der Mann ist zunächst verwirrt, verunsichert, auch ängstlich. „Was ist das, was ist passiert mit mir? Da steht eine wunderschöne Frau vor mir, und ich weiß nicht, was ich sagen soll. Komisch, wie ich mich plötzlich fühle, so anders als bisher, und mein Herz klopft. Was geschieht mit mir?"

Ach, es dauert so lange, bis das Gefühl eines Mannes den sicheren, dunklen Ort des Nachtmeeres seines Unbewußten verläßt, um zaghaft ins Licht des Bewußtseins zu steigen. Der Übergang darf nicht zu schnell erfolgen, denn sonst wird es ja geblendet, das Gefühl. Und das tut weh. So, wie es den Augen weh tut, wenn man morgens zu schnell die Rolläden des dunklen Schlafzimmers hochzieht und grelles Sonnenlicht in den Raum flutet. Wissen Frauen, wie behutsam sie sich der männlichen Seele nähern müssen, die anfängt zu lieben?

Diotima wußte das. Sie war eine weise, priesterliche Frau in der griechischen Stadt Metaneira, die den Philosophen Sokrates in das Mysterium der geistigen Liebe, die im Schönen gründet, eingeführt hat. Denn Eros gehört nicht nur zum Wasser, dem weiblichen Bereich, er besitzt ja auch die Flügel, die das luftige, männliche Prinzip symbolisieren.

Im „Gastmahl" oder „Symposion", das Platon schrieb, unterrichtet Diotima Sokrates über das Wesen des Eros. Sie weist nach echt weiblicher Art das sentimentale Schwärmen der Männer, Eros sei der große, schöne Gott, der alles veredelt, verschönert, harmonisiert, vereinigt und beglückt, zurück und legt dar, daß diese Begriffe nicht ausreichen, Eros als den Daimon, den Mittler zwischen Gott und Mensch, dem Göttlichen im Menschen zu beschreiben. Diotima packt ihre Aufgabe realistisch an und vergleicht das seelische Eros-Geschehen mit einer leiblichen Geburt. So wie durch den Samen des Mannes und das Ei der Frau ein Kind entsteht, so bewirkt Eros das Mysterium der geistigen Schwangerschaft.

„Nicht Leiber, die weiter ausgetragen werden müssen, sondern Werke sollen geboren werden. Je höher der erreichte Grad der Schönheit, in der der Schwangere schöpferisch wird, um so vollkomme-

*ner das Werk. Auch er selbst wird immer stärker
und größer. Angesichts des Schönen selbst gebiert
er seine eigene Vollkommenheit, die wahre Arete:
Er gebiert sich selbst zum Freunde der Götter und
zu einem der Unsterblichen. Das ist die höchste
Erfüllung des Eros, des Mittlers zwischen Unsterblichen und Sterblichen. Denn er ist der stiftende
und treibende Geist jener Schwangerschaft, die
sich in dieser einzigartigen Geburt, wie in der
Wiedergeburt eines Eingeweihten als göttliches
Wesen, löst."[27]*

Eros als Mittler zwischen Gott und Mensch, zwi-
schen männlich und weiblich, zwischen Physis und
Psyche ist das vereinigende Symbol: das Kind, das
Liebe heißt.

Aber es gibt noch eine andere Gestalt, die Gegen-
sätzliches in sich vereinigt: der Drache. Mit seinem
erdnahen Leib ist er der Schlange, dem niederen,
kalten Tier, verwandt; durch die Vielzahl seiner
Köpfe, aus denen er Feuer speit, bezeugt er seine
Zugehörigkeit zur höheren, heißen Geistigkeit. Oftmals ist er überdies mit Flügeln ausgestattet,
wodurch er dem luftigen Bereich näher rückt. Es
gibt wahrscheinlich wenig Völker, die sich mit diesem Mischwesen nicht auf irgendeine Art auseinandergesetzt hätten. In überwiegend patriarchal orien-
tierten Kulturen verkörpert der Drache böse, den
Menschen und vor allem Gott übelwollende Kräfte,
die besiegt werden müssen. Ob es der Leviathan des
Alten Testaments oder der Drache als Prinzip des
Satans in der Apokalypse ist, ob es sich um Python
handelt, den Apollon besiegt, den Drachen des Helden Siegfried oder die Midgard-Schlange in der ger-

manischen Mythologie, die in der Götterdämmerung von Thor erschlagen wird (allerdings stirbt er gleichzeitig durch ihren giftigen Atem) – immer handelt es sich um eine gefährliche Macht, die gleichzeitig als Hindernis und als Herausforderung erlebt wird. Denn der Drache ist Hüter oder Besitzer eines Schatzes. Und dieser Schatz heißt Wissen, womit die Geistzugehörigkeit nochmals belegt wird.

C. G. Jung sieht im Drachen ins Unbewußte zurückziehende Kräfte, gegen die das Ich (= Held) ankämpft. Das Wissen des Unbewußten ist in der Tat machtvoll und auch gefährlich. Deshalb darf es nicht gleichgültig sein, wie wir zur Entwicklung des Bewußtseins geschaffenen Menschen damit umgehen. Seit die Schlange im Paradies ihrer „Schwester" Eva die Fähigkeit, bewußt zu werden, erschlossen hat, indem sie ihr vom Baume der Erkenntnis den Apfel gab, haben sich die Menschen immer mehr Kenntnisse angeeignet und immer ausgefeiltere Techniken erarbeitet, um schwierigste, früher nicht vorstellbare Aufgaben zu bewältigen. Heute fliegen sie selbst in feuerspeienden Drachen durch die Lüfte, schneller und höher als jeder Vogel, sogar bis zum Mond. Doch der Drache, der den Schatz des Unbewußten noch immer beherrscht, sitzt und wartet, und sein Giftatem bereitet uns Übelkeit und Angst. Die Götterdämmerung zieht herauf – wenn es den Nornen nicht gelingt, genügend Wasser für die Weltenesche Yggdrasil zu beschaffen, um zu verhindern, daß der Weltenbaum stirbt, an dessen Wurzeln der Drache Nidhöggr unablässig nagt.

Es gibt aber auch Völker, die dem Drachen glückbringende und Dämonen abwehrende Kräfte zusprechen. Im Hinduismus und Taoismus gilt er als machtvolle, geistige männliche Wesenheit. Gleichzeitig steht er aber auch mit dem Wasser und dem weiblichen Prinzip in Verbindung, ist er auch Fruchtbarkeit spendend. Auch hier wird die Symbolik der Gegensatz-Vereinigung des Drachen deutlich.

Ein Klient bringt ein mythologisch anmutendes Bild in eine Therapiesitzung: Er sitzt, klein und unscheinbar, in einer tiefen Schlucht, über die etwas Netzartiges gespannt ist – er bezeichnet dies als Spinnennetz oder Hängematte. Seitlich darüber steht ein feuerspeiender Drache mit zwei Köpfen. Im Laufe der therapeutischen Arbeit aufgrund dieses Bildes bezeichnet er die einzelnen Köpfe als „Vater" und „Großmutter", er vereinigt also männlich und weiblich in diesem Tier-Wesen. Abgesehen von seinen persönlichen Erfahrungen mit seinem Vater und seiner Großmutter stellt er damit auch eine Verbindung her zwischen dem „alten" Bereich der Großen Mutter und dem „neuen" des Patriarchen. Auf die Frage, wo denn seine Mutter sei – denn normalerweise stellt man sich Vater und Mutter als zusammengehörig vor –, deutet er auf das netzartige Gebilde in der Mitte. Und wieder hat er hier eine Vereinigung vorgenommen, denn in seinen Assoziationen bezeichnet er das Spinnennetz als böse, hinterlistig, ihn fangend und festhalten wollend, während die Hängematte gut, gemütlich und Sicherheit spendend sei. Die gute und die böse Mutter: auf dem Blatt über ihm, psychisch in ihm. Er braucht sich nur auszusuchen, welche er in Anspruch nehmen möchte. Er – sein Ich – entscheidet, ob aus dem gefährlichen Spinnennetz eine gemütliche Hängematte wird oder umgekehrt. Beide Möglichkeiten sind in ihm.

Und der Drache? Der Mann ist ratlos, weiß nicht, was dieser von ihm will. „Dann fragen wir ihn doch einmal." Nun beginnt der Klient – im seelischen Zustand des kleinen Jungen – einen Dialog mit dem Torhüter des Unbewußten, in dessen Verlauf viele Einzelheiten der persönlichen Lebensgeschichte dieses Mannes jetzt mit dem hellen Licht des Bewußtseins beleuchtet werden. Zusammenhänge fügen sich nahtlos ineinander, und dann plötzlich sagt der Drache etwas sehr Überraschendes (für mich damals atemberaubend Aufregendes): „Ich brauche dich als Kind." – „Wozu?" – „Ich brauche deine Lebendigkeit, deine Spontaneität, deine Lebensfreude, dein Ausgelassen- und Fröhlichsein." Und drohend fügt er noch hinzu: „Ich fresse dich, wenn du erwachsen wirst." In der Vorstellung des Drachen sind Erwachsene unangenehme und gefährliche Zeitgenossen, ohne Wärme und Humor, ohne Freude und ohne Liebe. Er fühlt sich bedroht von so einem, fürchtet, er werde ihn töten. Da greift er lieber selbst zuerst an und verhindert seinen Untergang, indem er den Jungen frißt, bevor dieser erwachsen wird. Beide haben also voreinander Angst, keiner will getötet werden. Was nun? Der Junge verspricht: „Ich werde immer auch ein Kind bleiben, selbst wenn ich siebzig Jahre alt bin; und ich werde dich nicht töten, ich brauche dich auch." – „Wozu?" – Die Antwort gibt der Drache, der ihm erzählt, wie viele Geheimnisse und Tricks er weiß, die sehr nützlich für das Leben in der Erwachsenenwelt sein können. Zur Bekräftigung ihrer gegenseitigen Versprechungen schütteln sie sich Hand und Schuppenklaue, und der Drache wird sich überlegen, ob er sich nicht irgendwo ein Stück Fell wachsen lassen kann, weil seine Schuppen so rauh zum Streicheln sind.

Was ist geschehen? Psychologisch betrachtet – auf die Persönlichkeit des Klienten bezogen – hat sich das Ich in seinem kindhaften Aspekt mit den Inhalten des Unbewußten, die über die Symbolsprache des Bildes ins Bewußtsein gehoben wurden, auseinandergesetzt und nach echt kindlich-kreativer Art eine Lösung für das Problem gefunden. Der Konflikt lag für das Ich darin, daß es Kräften des Unbewußten (Drache) mit persönlichen (Vater, Großmutter) und überpersönlichen (Männliches, Weibliches) Inhalten gegenüberstand, vor denen es sich ängstigte.

Der Mann hätte nun kurzerhand entscheiden können: „Den Drachen töte ich", wie er ja aus vielen Märchen oder Mythen erfahren hatte, daß man mit einem solchen Ungeheuer so umzugehen pflegt. Doch der kleine Junge in ihm, der kindhafte Aspekt seines Ich, war klüger. Kinder wissen nämlich wirklich besser, was gut und richtig ist. Sie haben noch den natürlichen, unverbildeten Zugang zu den Urwesen. Kinder sind auch neugierig, und deshalb war es für den kleinen Jungen erst einmal wichtig, zu erfahren, was der Drache denn von ihm wolle. Daß der Drache ihm – durch den Mund des Erwachsenen – antwortete, ist nicht verwunderlich, denn dadurch, daß der Klient sich in sein inneres Kind hineingefühlt hatte, es in dieser Situation wirklich war, konnte er auch das gesamte Spektrum seiner kindlichen Phantasie in Anspruch nehmen. Und genauso, wie der Konflikt in ihm war, lag auch die Lösung in ihm bereit, denn das Selbst liefert immer beides gleichzeitig, man muß es nur erkennen.

Auf die Kollektiv-Psyche, das heißt die Seele der Menschheit übertragen, würde dieses Geschehen bedeuten: Im Unbewußten gibt es mächtige Kräfte, die das Wissen, das Geheimnis um alles Menschliche, Göttliche, Kosmische bewachen. Dieses Urgeheimnis zu lüften ist es noch nicht – sicher noch lange nicht – Zeit. Wenn überhaupt, kann dies auch nur sehr, sehr langsam und vorsichtig geschehen, und es wird wohl viele Tausend oder Millionen Jahre dauern, entsprechend den Gesetzen der Evolution. Geht die Menschheit zu schnell, das heißt verantwortungslos an dieses Geheimnis heran – und mit der Kernspaltung ist sie möglicherweise schon einen Schritt zu weit gegangen –, erhebt sich der wachsame Drache und droht, den Voreiligen, allzusehr von seiner eigenen unbegrenzten Macht Überzeugten zu vernichten. Mutter Erde nimmt ihre Gaben wieder zurück, verschlingt sie in ihrem dunklen Bauch, und Gott droht den Menschen, denjenigen durch Feuer zu vernichten, der sich zu nahe an ihn heranwagt.

Symbolisch liegen uns diese Aussagen des Unbewußten im Waldsterben und in den atomaren Sprengköpfen vor. Hat das Ich der Menschheits-Seele auch eine Lösung für die Bedrohungen des Unbewußten, das die ganze Menschheit vernichten könnte, bereit? Ja, genau so, wie jedes einzelne Ich darüber verfügt, denn die Menschheit setzt sich aus Einzelwesen zusammen. So hat jeder einzelne die Möglichkeit, eine Beziehung herzustellen zu seinen unbewußten Inhalten und mit Hilfe seines kindhaften Anteils die Lösung aufzuspüren. Denn im Kind-Teil der Seele ist alles vorhanden, was ein Mensch braucht, um gut und sicher zu leben und auch um

Gefahren abwenden oder bewältigen zu können. Die ganze Breite der menschlichen Fähigkeiten – die Intuition, das, was da ist, aufzuspüren, und die Kreativität, es in Zusammenhänge zu setzen – ist bereits im Kind vollständig enthalten. Angenommen, jeder oder die meisten würden das tun, dann wäre so viel Energie unter Kontrolle, daß es zu einem großen Ausbruch der Energie, wie sie in der Atombombe gesammelt ist, nicht kommen könnte. Gefährlich ist immer nur die Einseitigkeit. Wenn viel Energie sich irgendwo auflädt, zum Beispiel in der Atmosphäre, muß es irgendwann zu gewittern anfangen. Diese Energie wird aber, wenn sie durch Blitzableiter, durch Erdung, zurückgeführt wird, keinen Schaden anrichten. Gegen Einseitigkeit hilft nur, sich dem zuzuwenden, was bislang zu kurz kam.

Im Falle des Klienten wie auch der sogenannten westlichen Gesellschaft besteht die Einseitigkeit in dem zu stark entwickelten Intellekt und dem zu wenig beachteten Gefühl. Der Drache meines Klienten beschreibt den Erwachsenen ja als Wesen ohne Wärme und Humor, ohne Freude und Liebe. Da die ganze reiche Skala der Gefühle aber ursprünglich in jedem Menschen angelegt ist, jedes Kind sie mit auf die Welt bringt, hat der Drache recht, wenn er fordert: „Ich brauche dich als Kind." Das heißt auch: Ich brauche alle deine potentiellen Fähigkeiten, deine Kreativität, dein Denken, deinen Intellekt, gepaart mit Wärme, Humor, Freude und Liebe. Und ich brauche deine Fähigkeit, Verbindung herzustellen zum Göttlichen, deine Durchlässigkeit für das Heilige, deine Bereitschaft, dich ergreifen zu lassen, angerührt, erschüttert, fasziniert, entzückt zu wer-

den. Ich brauche dein vor Begeisterung strahlendes
Gesicht, möchte deine Augen sehen, wie sie leuchten, wenn du vor dem Wunder der Christnacht
stehst. – So spricht der Drache, der die uralte Weisheit der Großen Mutter und den Verstand des guten,
schützenden Patriarchen in sich vereinigt trägt. Und
so könnte auch Diotima zu Sokrates sprechen, wenn
sie ihn noch einmal in das Mysterium von Eros, dem
göttlichen Urkind, einweihen möchte:

„Es ist nicht das Samentragen, sondern das Tra-
gen der Leibesfrucht, hier eines geheimnisvollen
Kindes, das sowohl den Leib wie die Seele durch
seine Gegenwart trächtig macht, eine Schwanger-
schaft, die von der Gegenwart und vom Wirken des
Eros zeugt. Die Erfüllung dieser Schwangerschaft,
das Aufhören der Not des Eros ist das ‚Gebären im
Schönen‘. ‚In einem gewissen Alter begehrt unsere
Natur zu gebären‘ – so lauten Diotimas Worte –,
‚gebären aber kann sie nicht im Häßlichen, nur in
dem Schönen.‘ Und sie fügt noch hinzu: ‚Denn das
Zusammensein von Mann und Weib ist ein Ge-
bären.‘ "[28]

Das Zusammensein von Mann und Weib ist
ebenso ein Gebären wie das Zusammenspiel der
Elemente:

„Es kreißte der Himmel, es kreißte die Erde,
es kreißte auch das purpurne Meer.
Geburtsschmerzen hatte im Meer
das blutrote Schilfrohr.
Durch des Rohres Schaft kam Rauch heraus.
Durch des Rohres Schaft kam Flamme heraus.

Und aus der Flamme ein Knäblein sprang:
Feuer hat es als Haar, Feuer trugt es als Bart.
Und seine Äuglein waren Sonnen."[29]

Heißt es in einem Mythologem der Armenier.

Die Wasser-Feuer-Verbindung gibt es auch in Süd-
ostasien:

„Nagi ist ein weiblicher Wassergeist, der im ost-
asiatischen Raum die Rolle des chinesischen Dra-
chen übernimmt. Auch äußerlich als Seewesen
oder auch als ‚Prinzessin, die nach Fisch duftet'
erscheinend, vereinigt sich Nagi mit einem Brah-
manen und gründet eine Dynastie. Bemerkenswert
ist die Polarität Schlange–Sonne (Fisch, Seeunge-
heuer, Symbol des Wassers, der Dunkelheit, des
Ungeformten – gegen: ‚Söhne der Sonne', Brah-
mane usw.; Symbole des Geformten, Manifesten);
sie wird durch die mythische, Dynastie begrün-
dende Heirat aufgehoben, es eröffnet sich ein neues
historisches Zeitalter. Die Vereinigung der gegenge-
setzten Prinzipien begegnet immer da, wo versucht
wird, das Göttliche zu ‚formulieren'."[30]

Hiermit ist erneut die Tatsache belegt, daß das,
was die Seele uns über das Wesen des Urkindes
mitzuteilen hat, in so vielfältiger, unerschöpflicher
Weise erfolgt, daß wir wohl schlußendlich ganz
genau wissen, welch vielfältige Möglichkeiten im
Kind bereitliegen. Das Kind ist alles Menschliche
und so viel Göttliches, wie Menschen je in sich
tragen. Somit ist nicht nur Eros oder der Drache
beziehungsweise die Schlange Symbol für die Gegensatzvereinigung, sondern das Kind schlechthin.

In einer anderen alten Vorstellung entsteht auch aus der Vereinigung von Wasser und Feuer als Kind die Perle. Es gibt wohl kaum ein schöneres Symbol für die Ganzheit, die durch die Gegensatzvereinigung gebildet wird. Die Perle ist das Kind von Wasser und Feuer. Das Kind ist die Perle, die Ganzheit.

Die Perle,
Symbol der Vollkommenheit

Und was machen wir mit unseren Perlen, den Kindern? Sowohl den äußeren, die auf zwei Beinen um uns herum spazieren, als auch den inneren, die in uns lachen und weinen, vergnügt und betrübt, ausgelassen und mucksmäuschenstill sind, die Verzweiflung und Hoffnung, Sehnsucht und Beglückung, Freude und Leid, Haß und Liebe spüren?

Geliebtes Kind, du bist die einzigartige Perle in mir, das Zentrum, die Quelle. Du machst, daß ich schön und liebenswert, eigen-willig, eigen-sinn-ig und einmalig bin. Du bist meine Lebendigkeit, meine Kraft und alle meine Fähigkeiten. Du stellst Verbindung her zu anderen Menschen (Kindern) und zu Gott (Kind). So wie ich mit dir umgehe, gehe ich auch mit Gott um, denn du bist göttlich – in mir wie in jedem Menschen.

Hier schließt sich also der Kreis. Mit der Liebe und damit der Gegensatzvereinigung begann unsere Reise durch das Land der Mythen um das göttliche Kind, und mit der Liebe, mit Eros, endet sie.

Erinnern wir uns: Eurynome schuf das Feuer der Liebe, die große weibliche Göttin, um damit den Wind, das große männlich Geistige, zum Befruchter ihrer Natur-Kraft werden zu lassen. Das Feuer des häuslichen Herdes ist seither, als Symbol für diese neues Leben weckende Kraft der Vereinigung, die

Liebe heißt, den Frauen als seinen Hüterinnen anvertraut. Wir lernten die Schlange kennen, das chthonische, erdverbundene Wesen, als Symbol für die Macht des sich stets erneuernden Lebens und der im Unbewußten enthaltenen Kräfte – Kundalini heißt diese Schlange bei den Indern, sie liegt zusammengerollt auf dem Boden des menschlichen Beckens und kann sich durch langes, andauerndes Üben, Meditieren zu klarer geistiger Stärke bis in den Kopf hinein erheben. Der Geist wird also gewonnen aus der schlummernden Erdfeuchtigkeit des fruchtbaren Genitalbereichs. Ebenso steigt psychisch das Bewußtsein aus der dunklen Höhle des Unbewußten hinauf ins helle Licht der Sonne. Wir machten uns also vertraut mit den Urkräften, die alles Leben schaffen: Wasser – Erde – Feuer – Luft, Trieb und Geist, Unbewußtes und Bewußtsein, weiblich und männlich, Begierde und Lust, Liebe und Freude, Eros und Logos.

Und wir sahen, daß es zum Fortbestehen des Lebens notwendig ist, daß diese Kräfte sich vereinigen, daß das, was in Gegensätzen sich gegen-über steht, in der Verschmelzung, der Durchdringung Eines werden muß, um daraus die Frucht entstehen zu lassen, die Garantie für neues Leben bedeutet. Das Kind ist dieser Garant, sowohl das aus Fleisch und Blut als auch das seelisch-geistige Kind, das immer lebendig ist in uns, die Unruhe, die uns weitertreibt zu neuen Abenteuern und Erkenntnissen des Geistes.

Wir lernten den Sohngeliebten kennen, das zum Leiden auserwählte Geschlecht, das die Tragik der Liebesverwirrung mit in die Wiege gelegt bekommt. Ödipus ist das bekannteste Beispiel für dieses grausame Geschehen: Auch er wurde ausgesetzt, weil das Orakel verkündete, daß er durch die Liebe zu seiner Mutter Schande über das Geschlecht bringen werde. Doch der Lauf des Schicksalsfadens ließ sich nicht aufhalten: Er tötete also, nicht willen- und wissentlich, seinen Vater und heiratete Jokaste, seine Mutter. Nachdem er erfahren hatte, welch schrecklichem Schicksal er ausgeliefert war, er- hängte sich seine Mutter, und er selbst stach sich die Augen aus. Geblendet – was symbolisch das Nicht- Erkennen seines Schicksals bedeutet – führte er, nur begleitet von seiner treuen Tochter Antigone, fortan ein wanderndes Bettlerleben. „Nicht mit zu hassen, mit zu lieben bin ich da", läßt Sophokles Antigone im gleichnamigen Drama sagen, womit die Anima dieses Mannes, seine junge weibliche Seite, seine Tochter, die Lösung des großen männlichen Konflikts ausspricht. Nur durch die Kraft der Liebe, die ja in der weiblichen Seite des Mannes enthalten ist und die fortan nicht mehr seiner Mutter, sondern sich selbst und allen anderen Menschen gelten muß – gleich dem Vorbild Jesu –, kann der Mann erlöst werden.

Das ist meist ein weiter Weg, ein Leidensweg: Vom herrlich leuchtenden Lichtkind, das stolz in den Armen seiner Mutter im Mondschiff durch das Wol- kenmeer fährt, wie der Stammhalter auch hier auf Erden von der stolzen Mama im schönsten Kinder- wagen der Welt durch den Park spazierengeführt wird, vom geliebten Sohn, für den Mutter alles tut, ihn selbst aus der Unterwelt rettet, weil ohne ihn das Leben nicht möglich ist, über die Leiden und Gefährdungen des Ausgesetztwerdens, des Verwun- det- und Geschundenseins, bis hin zu den lebensgefährlichen Aufgaben, die es erfüllen muß. – All das vollbringt das göttliche Kind, der auserwählte Knabe, und all dies spielt sich in der menschlichen Seele ab – sowohl des Mannes als auch der Frau. Beide müssen den Weg des Schicksals gehen, der Mutter heißt, ob sie wollen oder nicht. Doch beide tragen die Lösung in sich, die Kind heißt, ob sie es wissen oder nicht. Und Kind bedeutet Liebe, denn durch diese Kraft ist es entstanden, und diese Kraft bringt es mit und trägt es hinfort in sich. Eros heißt das Liebeskind. Mit ihm ist der Leidensweg des Mannes beendet, und mit ihm haben wir unsere Reise durch das Land der Mythen beschlossen.

Ich hoffe, Ihnen ist es bei dieser Reise ein wenig gegangen wie mir: Ich war bewegt und erregt von der Kraft der mythischen Bilder. Manchmal lief es mir heiß und kalt über den Rücken, wenn ich sie anschaute. Ich war ergriffen von der Faszination, die sie ausstrahlen, berührt vom Numen, das ihnen innewohnt. Ich spürte Schrecken, Entzücken und Enthusiasmus in mir, doch vor allem erfüllte mich mehr und mehr ein grenzenloses Vertrauen zu meinen Wurzeln, die ich fest verbunden mit dem Natürlichen, den Potentialen des Unbewußten, fühle.

Eurynome, Leto und Halkyone, Inanna-Ischtar, Aphrodite und Aschthoret, Astarte, Isis und Kybele – viele Namen für ein großes Prinzip: das Weibliche.

Alexander, Buddha und Krishna, Sargon, Mose und Jesus, Dumuzi, Hermes und Horus – viele Namen für das andere große Prinzip: das Männliche.

Verbunden werden die beiden durch Ophion, Python, Jaldabaoth und Midgard, die Schlange, Symbol für die körperliche, sexuelle Liebe, und Eros, Ausdruck der seelisch-geistigen Liebe.

Und Frucht dieser körperlich-seelischen Liebe ist das Kind, das auf zwei Beinen und das in uns. Demnach ist es das dritte, das höchste Prinzip, das Vollständigkeit, ja Vollkommenheit bedeutet; es ist die Perle, die im dunklen Schoß der Muschel tief unten auf dem Meeresgrund heranreift zu ihrer ganzen vollkommenen Schönheit.

Gebührt ihm deshalb nicht zu Recht das Attribut: göttlich? Es ist sowohl männlich und weiblich, Schlange und Eros, Materie und Geist, Wasser und Feuer, Erde und Wind. Es ist die Kraft der Liebe und die Macht des Hasses, vertraut und unbekannt, aufregend und beglückend, faszinierend und erschreckend. Es ist das Wunder, das in der Wiege liegt, ganz klein, und es ist das Wunder, das in der Seele wohnt, ganz groß. Es ist das Leben selbst, und deshalb *muß* es göttlich genannt werden.

Das Kind – menschlich?

Wie ist das mit dem menschlichen Kind? All die Merkmale, die ein göttliches ausmachen, hat es nicht. Weder ist seine Mutter Jungfrau, noch ist es auf eine außergewöhnliche Weise gezeugt, es fährt nicht mit seiner Lichtmutter auf der Mondsichel über den Himmel, und drei Feen standen auch nicht an seinem Bettchen, nachdem es geboren war. Es wurde nicht ausgesetzt wie Mose, war nicht gefährdet wie Demophoon, niemand hat es geschunden, und es muß auch seinen Vater nicht rächen. Es ist weder das Kind einer liebenden Göttin, noch verfügt es über die Fähigkeit, gleich nach seiner Geburt zwölf Kühe zu stehlen. Es ist einfach ganz normal menschlich. Hat es mit dem göttlichen Kind überhaupt irgend etwas zu tun?

Es liegt in seinem Bettchen und wartet auf die Mutter. Ihr Gesicht zu sehen ist Freude, von ihr hochgehoben und gehalten zu werden ist Glück. An ihrer Brust zu liegen, die warme Milch zu trinken oder sanft in ihren Armen gewiegt zu werden ist Wonne. Später sitzt es im Laufstall und spielt mit Stofftieren und Bauklötzchen. Die Mutter kommt und schaut es an – das ist Freude. Sie nimmt es heraus und lacht mit ihm – das ist Glück. Sie hält es im Arm und singt ihm ein Lied vor – das ist Wonne.

Noch später fährt es seine Puppen stolz im Park

spazieren oder es rast mit dem Roller die Straße hinunter. Dann kommt es heim und erzählt der Mutter, was es alles Aufregendes erlebt hat – das ist Freude. Die Mutter sagt ihm, daß sie stolz ist auf ihr Mädchen oder ihren Jungen – das ist Glück. Sie erzählt ihm eine schöne, lange Gutenachtgeschichte – das ist Wonne.

Wieder später sitzt es in der Schule und lernt rechnen. Zu Hause wartet die Mutter. Sie lacht, wenn es aus der Schule kommt, und sagt: „Schön, daß du wieder da bist." Das ist Freude. Sie streicht ihm liebevoll übers Haar. Das ist Glück. Sie sagt: „Ich habe heute deine Lieblingsnachspeise gekocht, du darfst so viel essen, wie du willst." Das ist Wonne.

Das Kind wächst weiter, und eines Tages ist es erwachsen. Und dieser Mensch weiß, was Freude, was Glück und was Wonne ist. Er weiß, wie es sich anfühlt, geliebt zu werden, und er weiß, wie schön und erregend und wunderbar es ist, zu lieben. Manchmal, wenn er so dasitzt und vor sich hinträumt, dann durchströmt ihn das, was er früher in Mutters Armen erlebt hat. Und manchmal, nein, oft ist das in ihm, was er Glück nennt. Und fast immer ist er erfüllt von Freude, mal ein bißchen mehr, mal ein bißchen weniger, doch fast immer – einfach so. Das ist ganz normal für ihn.

Bei anderen Menschen ist es nicht so. Sie erleben nie die volle, warme Süße des Gefühls, über das sie gelesen haben, das Wonne heißt. Selten empfinden sie kurze Augenblicke des Glücks. Sie hadern meist mit ihrem Schicksal, sind unzufrieden, wenig zuversichtlich, oft traurig und ängstlich. „Ich hatte keine gute Kindheit", sagen sie. Bitterkeit ist in ihrer Stimme, und ihr Körper sieht aus, als ob er gleich in sich zusammenfalle. Bei manchen Menschen bleibt es dabei. Sie finden sich ab, leben – mehr oder weniger klaglos – ihr „normales" Leben.

Aber bei einigen geschieht noch etwas anderes: Schon immer, solange sie denken können, spüren sie ein Gefühl in sich, das gleichzeitig süß ist und sehr weh tut. Man nennt es Sehnsucht. Und plötzlich, eines Tages – vielleicht beim Wiedersehen eines alten Freundes – ist für einen langen Augenblick ganz tiefe Freude in ihrem Herzen. Oder sie erleben ein bisher nie gekanntes Glücksgefühl, wenn sie ihr eigenes Kind im Arm halten. Und dann ist auch die Wonne da, das ganze Innere durchströmend und ausfüllend, vom Kopf bis zu den Zehenspitzen – ein Meer von Wonne, unbeschreiblich schön. Vielleicht, wenn die Frau in die Augen des geliebten Mannes schaut, vielleicht, wenn er sie in seinen Armen hält. Ein vorher nicht gekanntes, nie erlebtes Gefühl ist jetzt einfach da. Warum? Wodurch?

Dadurch, daß das göttliche Kind aufgetaucht ist, weil es sich bemerkbar macht. Wir sagen: Der Kind-Archetypus hat sich konstelliert. Und wo sich der Kind-Archetypus konstelliert, taucht auch der Mutter-Archetypus auf, denn es gibt kein Kind ohne Mutter. Und auch der Vater-Archetypus stellt sich ein, denn es gibt kein Kind ohne Vater, wenn das auch alte Völker einmal geglaubt haben. Somit ist die Familie komplett, und es ist eine „heilige" Familie in diesem Augenblick, weil sie die Ganzheit, das Selbst, repräsentiert.

Der Mensch, der das erlebt, wird nicht mehr hadern mit seinem Schicksal. Auch wenn es ihm eine „glückliche" Kindheit versagt hat. Denn er weiß jetzt, daß er nicht benachteiligt ist, daß er alles genauso erhalten hat wie diejenigen, die in Mutters Armen die Wonne erlebten. Ihm hat sich das Schicksal nur zuerst von einer anderen Seite gezeigt, doch es dreht sich sowieso einmal um sich selbst, und so wird jeder einmal das bekommen, was es zu bekommen gibt, jeder das für ihn Bestimmte.

Sah es nicht für viele göttliche Kinder auch so aus, als seien sie benachteiligt, vergessen vom Schicksal, verlassen von der Mutter, nicht beachtet vom göttlichen Vater? Doch von ihnen ist nicht bekannt, daß sie jammerten oder zornig gegen ihre Eltern wetterten. Sie strampelten einfach die Windeln weg wie Hermes und machten sich auf den Weg.

Jede Schwierigkeit ist eine Möglichkeit, zu erstarken. Und ist es wirklich so wichtig, eine liebende, verständnisvolle Mutter, einen gütigen Vater gehabt zu haben, da es doch die gute göttliche Mutter und den guten göttlichen Vater gibt – für jeden Menschen? Und all die göttlichen Geschwister, die jeder von uns hat – ist es nicht sehr aufregend und wunderbar, zu dieser großen Familie zu gehören?

Doch was das Allertröstlichste ist: Der äußere Mensch wird zwar erwachsen, das innere Kind aber bleibt immer Kind. Der Mensch ist immer auch das Wesen, das er von Anfang an war. Er ist also immer auch ein Jahr, vier Jahre, sieben Jahre oder zehn Jahre alt. Er kann sich all das zeitlebens erhalten, was ihm damals Spaß gemacht hat, zum Beispiel wie es damals war, „als wir miteinander Fußball gespielt haben" oder „als wir mit Nachbarskindern Schlitten fuhren" oder „als wir das erste Mal eine Reise mit dem Zug machten". Hier geht es nicht nur um Erinnerungen. Es geht darum, die Seins-Qualität

160

des Kindes zu erleben – nicht nachzuerleben. Jetzt bin ich vier Jahre alt und schaue ein Buch mit Bildern an. Ich kann noch gar nicht lesen, darum verstehe ich nicht, was unter den Bildern steht. Ich schaue sie nur an und lasse sie auf mich wirken. Und ich spüre die innere Erregung, die sie auslösen – so wie sie eben eine Vierjährige erlebt, wenn sie den Wolf und das Rotkäppchen und das Geißlein im Uhrkasten sieht. Oder ich bin neun Jahre alt und gehe einkaufen. Sorgfältig – weil es eine wichtige Aufgabe ist – stecke ich das Geld in das Portemonnaie, lege es in den Korb, den Einkaufszettel, schön geschrieben, dazu und ziehe meine Jacke an. Ich gehe mit meinem Korb, und ich weiß, daß es jetzt wichtig ist, einzukaufen. Ich spüren den Ernst und den Eifer und das Verantwortlichsein in mir, wie es eben die Neunjährige spürt. Oder wenn eine Frau sieht, mit welcher Hingabe und Konzentration der Mann den Tisch deckt für die Gäste zu seiner Geburtstagsfeier, erlebt sie den kleinen Jungen, der weiß, daß heute ein besonderer Tag ist für ihn, daß seine Freunde kommen, um ihm zu gratulieren, weil er wichtig ist für sie. Im Herzen der Frau wird in diesem Augenblick sicher ein liebevolles, zärtliches Gefühl für ihren Mann und seinen kleinen Jungen aufleuchten.

Dieser Zugang zu dem eigenen inneren Kind, der manchmal erst als eine unbestimmte Sehnsucht erfahren wird, ist die Öffnung, durch die das göttliche Kind in das Bewußtsein des Menschen treten kann. Und dann ist alles da, ein Meer der Fülle, ein Berg voller Schätze. Das Sesam-öffne-dich zu diesem inneren Reichtum ist das eigene Kind, so wie es ist, ohne göttlichen Glanz, ganz normal. Doch wenn er dann schöpft aus dem Meer, hineingeht in den Berg, umfängt ihn die atemberaubende Schönheit seiner göttlichen Eltern, und er ist beglückt von der Wonne, die ihn durchströmt.

So nimmt das Menschenkind mit dem göttlichen Kind Verbindung auf, das von da an das Leben dieses Menschen bestimmt und trägt, über alle Hindernisse hinweg. Bis es eines Tages Zeit ist, ganz zurückzukehren in das göttliche Urkind.

Anmerkungen

1 Robert von Ranke-Graves, Griechische Mythologie, Reinbek 1984, S. 22

2 Walter Beltz, Die Mythen der Ägypter, München 1982, S. 132–133

3 Paul Schwarzenau, Das göttliche Kind, Stuttgart 1984, S. 19–20

4 Paul Schwarzenau, Das göttliche Kind, S. 45–47

5 Paul Schwarzenau, Das göttliche Kind, S. 119–120

6 Robert von Ranke-Graves, Griechische Mythologie, S. 22

7 Robert von Ranke-Graves, Griechische Mythologie, S. 39

8 Matéo Maximoff, Die Ursitory, Manesse-Verlag, Zürich 1954, S. 22–28

9 Pierre Grimal, Mythen der Völker, Bd. I, Frankfurt 1967, S. 250–253

10 Helmuth M. Böttcher, Gott hat viele Namen, München, S. 21

11 Helmuth M. Böttcher, Die Große Mutter, Düsseldorf 1968, S. 79

12 Helmuth M. Böttcher, Die Große Mutter, S. 61–62

13 Helmuth M. Böttcher, Die Große Mutter, S. 98

14 Helmuth M. Böttcher, Die Große Mutter, S. 99–100

15 Helmuth M. Böttcher, Die Große Mutter, S. 100–103

16 Helmuth M. Böttcher, Die Große Mutter, S. 156

17 Helmuth M. Böttcher, Die Große Mutter, S. 54

18 Joseph Campbell, Der Heros in tausend Gestalten, Frankfurt 1953, S. 298

19 Helmuth M. Böttcher, Gott hat viele Namen, S. 192

20 Helmuth M. Böttcher, Gott hat viele Namen, S. 303

21 Karl Kerényi, Humanistische Seelenforschung, Wiesbaden 1966, S. 72

22 Karl Kerényi, Humanistische Seelenforschung, S. 74–75

23 Pierre Grimal, Mythen der Völker, Bd. II, Frankfurt 1967, S. 105

24 Gustav Mensching, Die Söhne Gottes, Wiesbaden, S. 25
25 Mircea Eliade, Die Religionen und das Heilige, Salzburg 1954,
S. 418, 421, 423
26 Robert von Ranke-Graves, Griechische Mythologie, S. 48
27 Karl Kerényi, Humanistische Seelenforschung, S. 302
28 Karl Kerényi, Humanistische Seelenforschung, S. 301
29 Karl Kerényi, Humanistische Seelenforschung, S. 81
30 Mircea Eliade, Die Religionen und das Heilige, S. 242

Urbilder der kristallinen Materie
Zum Foto auf dem Umschlag von Manfred P. Kage

Wissenschaftlich ausgedrückt, handelt es sich bei diesen Bildern um willkürlich gesteuerte Kristallisationen natürlicher und synthetischer Stoffe, die zwischen zwei Glasplatten durch Temperatureinfluß aus der Schmelze rekristallisiert oder durch Verdunstung des Lösungsmittels kristallisiert wurden. Diese Kristallpräparate werden in einem Kameramikroskop mit Hilfe von polarisiertem Licht und einem von Kage entwickelten Spezialkompensator, dem Polychromator, fotografiert.

Der Polychromator ist eine Art optischer Synthesizer oder besser ein „optisches Musikinstrument", mit dem Kaskaden von Klangfarben in einerseits gesetzmäßiger, andererseits beliebiger Folge von Farbklängen gestaltet werden können. So lassen sich beispielsweise von einem Gesteinsdünnschliff, einer hauchdünnen Schicht von kristallisiertem Schwefel oder von Sphäritgefügen des Triphenylmethans eine unerschöpfliche Fülle von permutierenden Farbvariationen erzeugen. Was steckt nun aber dahinter?

Die Aggregatzustände der festen Kristalle, der kristallinen und amorphen Flüssigkeiten sowie der gasförmigen Stoffe entsprechen den Tamas, Rayas und Satvas der indischen Sankhja-Philosophie, welche die statischen Niveaus der Verwandlungen und

Seinszustände bezeichnen. Die europäische Analogie dazu wären Physis, Bios, Psyche und Pneuma, denen auf der materiellen Seite die Zustände fest, kristallin-flüssig (mesomorph), flüssig und gasförmig entsprechen.

Wer sich mit der Entstehung der Planeten beschäftigt, kennt die immense Bedeutung der Kristallisations- und Erstarrungsvorgänge in der Planetenoberfläche, die Gesteins- und Gebirgsschichten hervorbringen. Die Kristallbildung ist das Urmodell der Festkörperanteile aller Lebewesen; Kristallgitter finden sich in der Zellulose und damit im Holz, in den Kieselskeletten der Radolarien und Diatomeen, in den Schalen und Panzern der Korallen, Muscheln und Seeigel sowie in den Kalkgefügen des Knochenbaus der Säugetiere.

Durch chemische oder alchimistische Verwandlungen des Stoffes lassen sich neue Kristallformen erzeugen; künstlerische Empfindung und der unerschöpfliche Formenreichtum der Natur treten miteinander in Kommunikation.

Ein optisches Kaleidoskop mit zwei Präzisionsspiegeln ermöglicht zusätzlich die Symmetrierung der kristallinen Bildwerke zu Mandalas, den Urbildern der Seele. Die suggestive Zentrierung, die das Auge zur Mitte lenkt, eröffnet einen Blick in den imaginären, mythischen Raum, in welchem die Strukturen der Materie und der Psyche nicht voneinander zu unterscheiden sind.

Angela Waiblinger
Rumpelstilzchen

Gold statt Liebe
In der Buchreihe „Weisheit im Märchen"
120 Seiten, gebunden

Angela Waiblinger erzählt die Geschichte einer Analysandin, die – obwohl es ihr äußerlich an nichts
fehlte – depressiv wurde, weil sie wirkliche Liebe nie
erfahren hatte. Die Parallele des Erlebens dieser
Frau zum Märchen „Rumpelstilzchen" ist so offensichtlich, daß es in der Analyse zum Modell wird, an
dem das Lebensproblem der Analysandin und der
Ausweg aus ihrer Depression anschaulich werden.
Angela Waiblinger macht durchsichtig, daß das Märchen „Rumpelstilzchen" die Probleme aufgreift, in
die Töchter und Ehefrauen geraten, welche von
ihrem Vater und später vom Ehemann gezwungen
werden, „Stroh zu Gold zu spinnen", das heißt, sich
einseitig zu entwickeln, ohne ihre weiblichen Möglichkeiten entfalten zu können.

Kreuz Verlag

„Die Darstellung und Deutung einzelner Mythen durch verschiedene Autoren ermöglicht den Zugang zu einem in jedem Menschen vorhandenen Fundament von Lebenskraft. Mythen sind faszinierend und ergreifend. Ihnen zu begegnen ist dem Erleben vergleichbar, in dem sich die Bedeutung eines großen Traumes zum ersten Mal erschließt. Mythen spiegeln unser Leben und vermitteln die Gewißheit, daß es sinnvoll gelebt werden kann."

Der Herausgeber Theodor Seifert

Neben dem vorliegenden Band ist bisher erschienen:

Theodor Seifert · Weltentstehung
Die Kraft von tausend Feuern

In Vorbereitung sind die folgenden Bände:

Ingrid Riedel · Demeter und Kore
Mutter-Tochter-Bindungen

Verena Kast · Sisyphos
Der alte Stein – der neue Weg

Lutz Müller · Der Held
Vom Vertrauen zu sich und zum Leben

Rosmarie Bog · Die Hexe
Schön wie der Mond – häßlich wie die Nacht

Helmut Remmler · Das Rätsel der Sphinx
Mit dem Unheimlichen vertraut werden

Hans Jellouschek · Semele, Zeus und Hera
Die Rolle der Geliebten in der Dreiecksbeziehung

Kreuz Verlag